海军校友

祖国唯一

人民至上！

肇星

2018

10.31

李肇星：中华人民共和国外交部原部长，第十一届全国人大外事委员会主任委员、中国翻译协会会长。

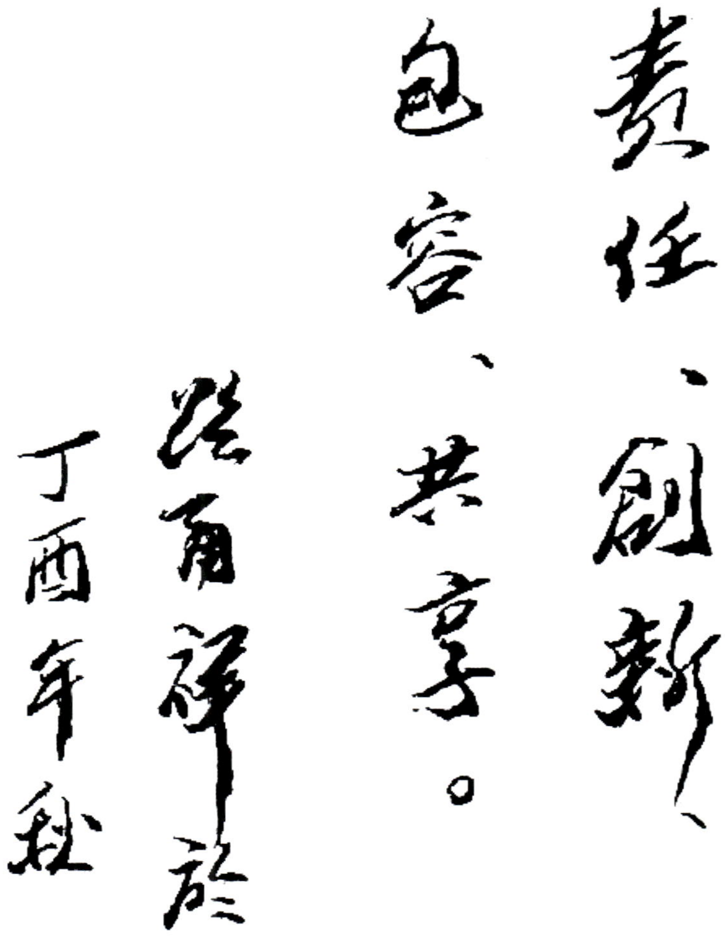

路甬祥：第十一届全国人大常委会副委员长、中国科学院原院长、浙江大学第九任校长。图为路甬祥手书师董会价值观：“责任、创新、包容、共享”。

师董会简介

关注师董会公众号，并留言《从零起步到千亿操盘》，即可获赠价值299元的银卡会员，一年内免费观看师董会在线音视频课程。

为服务“大众创业，万众创新”的新经济时代，以互联网技术为手段，引导和帮助中小企业科学发展，师董会应运而生。

师董会是一个线上线下融合（OMO）的名师引领的智慧共享及企业互助平台——企业服务生态链。众多成功的企业家、科学家、投资家及各领域专业人士担当导师，为中小企业家和创业者提供商业智慧指导、企业合作对话，以及商业服务资源等双创支持。

“当代中国，正处于创新创业、转型升级的新经济浪潮中。迫切需要一大批成功的企业家、科学家、投资家共同承担社会责任，用智慧来引导和帮助中小企业创业者们实现科学发展，构建互相学习、互相帮助、互相交易、互相投资的人联网经济合作模式。”

——师董会主席、创始人胡海平

【目标定位】

智慧界的亚马逊（人联网）——智慧交易平台

【品牌主张】

智汇创造价值

【价值观】

责任、创新、包容、共享

【特 色】

互相学习、互相帮助、互相投资、互相交易

胡海平简介

师董会主席、创始人。中国十大杰出 CEO（2010），联合国项目事务署（UNOPS）高级顾问。

曾任宝洁（P&G）公司经理。

1996—2018 年历任杉杉集团副总裁、总裁，杉杉科技集团总裁、董事长，杉杉控股有限公司总裁、CEO、董事局副主席。

浙江大学工学硕士，高级工程师。浙商总会互联网委员会副主席，创新设计产业联盟副理事长，上海市工商联执委、浦东工商联副主席，浙江大学上海校友会会长、浙大控制学院校友会会长。

常春藤资本合伙人，紫金港资本合伙人，晖阳投资董事长。多个地方政府经济发展顾问，知名大学客座教授，集团企业转型创新创业投资实战家、硅谷高创会创业导师。

主要荣誉：

2002 年，“上海科技创业领军人物”

2003 年，“上海市实施发明成果优秀企业家”

2003 年，“上海市实施发明成果优秀总工程师”

2003 年，上海市高技术成果转化领域创新人才精英奖

2005 年，上海科技进步二等奖

2006 年，“上海浦东十佳杰出青年”

2010 年，“中国十大新能源人物”

2010 年，“中国十大杰出 CEO”

2015 年，第十四届宁波市优秀企业家

2016 年，联合国项目事务署（UNOPS）高级顾问

2016 年，《商业观察》封面人物

2016 年，《联合国友好画报》封面人物

2016 年，2016 年度中国“优秀诚信企业家”

2016 年，《第一财经》LEADER CLUB “2016 年度财经人物”

2016 年，CIFF“2016 中国财经年度人物”

2017 年，《财富管理》封面人物

2018 年，入选教育部《中国大学校友创新创业采风》丛书

2018 年，联合国项目事务署“一带一路生命健康发展高级资政委员会”委员

盛世企业家管理思想库
SS Think Tank Of The Outstanding Entrepreneurs

从零起步到千亿操盘

胡海平◎著

人民邮电出版社
北京

图书在版编目（CIP）数据

从零起步到千亿操盘 / 胡海平著. -- 北京 : 人民邮电出版社, 2019.5
（盛世企业家管理思想库）
ISBN 978-7-115-51019-8

Ⅰ. ①从… Ⅱ. ①胡… Ⅲ. ①创业—经验—中国 Ⅳ. ①F249.214

中国版本图书馆CIP数据核字(2019)第056374号

内容简介

本书全面展示了胡海平三十余年在职场的创新及创业故事。胡海平出身贫寒，白手起家，凭借敏锐的商业意识和实战锤炼的商业操盘功底，从一个寒门学子成长为操盘千亿的集团总裁，其视野、思维、敬业精神，都值得我们学习借鉴。本书中创新型商业模式的运作、创新型管理的运用、创新型文化的推广，能让读者深入了解胡海平的创业风采和企业成长历程；弘扬了勇于突破、敢于创新、不守常规、不怕失败的精神；汇集了成功者的方法和总结，为后来者和潜在创业者提供可学习借鉴的经验与教训。愿本书能够为所有创业者带来帮助，也祝愿创业者们成为下一个千亿级企业家。

◆ 著　　　胡海平
责任编辑　赵　娟
责任印制　彭志环

◆ 人民邮电出版社出版发行　北京市丰台区成寿寺路 11 号
邮编 100164　电子邮件 315@ptpress.com.cn
网址 http://www.ptpress.com.cn
涿州市京南印刷厂印刷

◆ 开本：720×960 1/16　彩插：2
印张：14.5　2019 年 5 月第 1 版
字数：197 千字　2019 年 5 月河北第 1 次印刷

定价：59.90 元

读者服务热线：(010)81055493　印装质量热线：(010)81055316
反盗版热线：(010)81055315
广告经营许可证：京东工商广登字 20170147 号

序

来自三十年后的一封回信

大学毕业以后，如何选择自己的职业规划和方向，是一个很普遍的问题，也是一个很有意义的问题。选择时，困难势必存在，我把自己当年的经历撰写成文，给刚毕业的你们提供参考。

我出生在一个贫寒的家庭，年少时家庭经济的拮据，让我非常珍惜读书的机会。上学后，我发誓要用知识改变命运。

我学习十分用功，从小学到高中，成绩一直很优秀。我高中上的是浙江省一级重点中学——舟山中学。高三时，我因为学习成绩好被学校保送到浙江大学。浙江大学有一个由顶尖的学子们组成的特殊班级——浙大混合班，浙大混合班的教育思路是全面培养尖子生，并任由学子们通过两年的全面培养和自由选择，自主选择命运的道路。可以说，能够进入浙大混合班的人，都是精英中的精英、尖子中的尖子。非常幸运，我能够凭借努力，从一个险些因贫困失学的青年成为混合班的一员，并享受国家的全额助学金。直到今天，我都非常感恩国家的培养和浙大唯才是举、求实创新的治学环境，并积极地尽自己所能，承担社会责任，报答国家和母校的栽培之情。

在浙江大学读书时，我担任了浙江大学研究生会副主席。毕业时，我面临 3 个职业方向的选择：第一个是到国家教委；第二个是出国留学；第三个是到宝洁公司（P&G 公司）当一个普通的职员。

我最终选择到宝洁公司工作。

当时，很多人不明白我为什么会选择去宝洁公司，因为他们觉得无论是到国家教委还是出国留学，都比去公司做一个普通的职员好。

我之所以没有出国留学或去国家教委，是因为我对自己人生道路的选择比较清晰。

我出身寒门，家里很穷，留学财力不够。当时中科院院士的名额只有 1000 多个，我觉得难以评上。而且，即便评得上，长年累月地做科研也不是我的兴趣爱好。

而学校老师和党委副书记在建议我到国家教委去工作时，我说了 3 个不去的理由：第一，家里没有人想要做官；第二，家里穷，想赚钱；第三，我想活得自由潇洒一点。老师们听了我的理由后都笑了起来。

我们学校的党委副书记朱深潮老师，是我这辈子最感恩的人之一，他有才华，也很开明。他笑着对我说："孩子，那你就不要去国家教委了，你觉得自己适合做企业，就去做企业吧！"

有了朱深潮老师的这番话，我果敢地去宝洁公司应聘，最终以全国面试、笔试第一名的成绩进入了宝洁公司。

我给大家讲我的经历，目的是想给你们启发——每个人一定要知道"我是谁"，要找准自己的道路。

条条大路通罗马，宽敞的大路未必是最好的，适合你的路才是最好的。

选择工作需要考虑未来的发展，但最重要的是把自己的兴趣爱好和人生定位放在第一位。

常言道，兴趣是最好的老师。哪怕以后碰到再大的困难，只要你对从事的工作感兴趣，发自内心地喜欢这份工作，你就能坚持下来。因为这是你自己选择的道路，无怨无悔。

我很庆幸自己当年选择做企业，并且做得不错。我曾服务过的杉杉企业，如今已是中国 500 强企业了。更让我欣慰的是，杉杉从原来的传统服装企业变成千亿级的产业集团，成为世界顶尖的新能源材料供应商。

人在坚持的过程中，一定会经历苦难。杉杉在壮大的过程中，的确出现了不少困难。一场场“商战”打下来，我既有失败的惆怅、无奈、绝望，也有成功后的眼泪、惊喜、欢乐，但自始至终不变的是我的执着。个中曲折、个中滋味，只有经历过酸甜苦辣咸的人才能深深理解。

人人都不想经历苦难，哪怕经历苦难是人生宝贵的财富；也没人想拥有这种财富，除非上天“赐”给你苦难，你不得不拥有。但是，如果现在让我重新选择，我还是会毫不犹豫地选择做企业，这就是兴趣的魔力。

因为热爱，再辛苦我都不会觉得辛苦，而是在坚持中把历经的磨难变成属于自己的力量。

如果当初我选择去国家教委，我可能会走上另外一条路。或许这条路不必我辛苦地付出，就能保障生活富足无忧。然而，我深知自己骨子里有一种拼死进取的韧劲。这条路虽然艰辛，但充满乐趣，我从不会后悔自己的选择。

即便我选择了出国留学，我也终将发现研究治学不是我想要的生活。我能感觉到，我体内流淌的是创业者的鲜血，学术生活是无法满足这种激情的。

今天，我坚信自己走了最正确的人生道路。如果时光逆转让我再做选择，我还是愿意做企业，愿意当老板，愿意帮助别人，愿意手把手地教别人，愿意带着广大的中小企业老板和创业者创新创业、转型升级。我在50岁时离开杉杉，从零起步开创师董会，这是我新的人生选择。人的梦想也许会变，但我灵魂深处对创业的热情永不消退。

我对自己目前的状态特别满意。我多年的选择，都是按照自己的意愿进行的，没有受人强迫，没有被迫为之。请你一定要记住：不要因为父母叫你怎么选择，不要因为老师叫你怎么选择，不要因为你的女朋友或者男朋友叫你怎么选择，你就盲目地改变自己内心的想法。否则只会让你痛苦。你只有按照自己内心的想法去做，才能在充满风雨的人生路上义无反顾且执着地坚持前行，最终收获属于你的那片碧海蓝天！

做任何事情，要由心出发，衡量客观条件，并且遵从主观愿望！只要你付出足够的努力，只要你认为这辈子还想做这件事，哪怕现在条件还不具备，你也要努力地往前走，总有一天，你能走到希望的彼岸。即使你走不到彼岸，你也能比普通人走得远，因为这是你自己的选择，这件事情是你自己喜欢的，一辈子也不会后悔。

我想对你说：尽全力选择喜欢的职业，尽全力去为你的事业努力拼搏，其实再苦也不苦，再难也能闯过去。

相信你今天若按照自己的意愿做了选择，那么三十年后的你将会和今天的我一样，对自己说：我不后悔我的选择，我喜欢努力拼搏的自己，我很满意自己目前的成就……

祝你的人生一切顺利！

目　录

第一章

给新手的话 / 1

要择业不要就业 / 2

何谓工匠？120 分才是及格线 / 7

使出洪荒之力 / 11

连孤独都受不了，还怎么创业 / 16

知道自己是谁 / 20

人生如戏，要靠人际 / 22

除智商、情商外，更要懂“职商” / 25

老板眼里的普通员工和优秀员工 / 31

第二章

员工的职场法则 / 35

你的待遇取决于你的价值 / 36

逼自己到绝境，成为无可替代的人 / 39

做事先做人 / 44

想“赚钱”，先赚“能力” / 48

像牛一样踏实，像狼一样主动 /　54
主动出击！绝不当“吃瓜群众” /　60
不要在“职业倦怠期”浪费生命 /　63
新人是如何修炼成高手的 /　68

第三章
创业者的基本素养 /　73

一根筋地坚持你的创业目标 /　74
带着使命感创业 /　79
死扛，不放弃 /　85
保持空杯心态，勤于自我复盘 /　89
认清自己，把长处发挥到极致 /　92
发挥特长、灵活应变，锤炼核心竞争力 /　95
在学习中发现商机 /　98

第四章
企业家的入门知识 /　101

用资本运作，玩转资源价值 /　102
别跟资本“结婚”，它不伴你终身 /　108
好创意，先解决痛点 /　111
胆略、眼光、运气，一个都不能少 /　115
企业想值钱，先要抓痛点 /　121

第五章

进阶商业领袖之合伙人篇 / 127

聚集优秀的合伙人 / 128

利益公平，用好股权的“金手铐” / 131

找对合伙人，走好合伙路 / 134

如何玩好众筹 / 139

挑选合伙人的诀窍 / 146

第六章

进阶商业领袖之商业模式篇 / 151

创新商业模式 / 152

如何对商业模式“精雕细刻” / 157

用正确的方式，做正确的事 / 160

营销的“终极逻辑” / 166

商业模式：适合的才是最好的 / 171

第七章

进阶商业领袖之人才篇 / 177

有多大的胸怀，就能容多少人才 / 178

懂得放权，让听得见“炮火”的人指挥“炮火” / 180

高手过招，能者上败者下 / 182

企业文化——阿里巴巴、迪士尼的员工宝典 / 185

价值观第一，能力第二 / 188

你有“说走就走”的情怀，我有“将薪比心”的舞台 / 191

第八章
成为商业领袖 / 195

预见未来：因相信而看见 / 196
创新三要素：探索、拓荒和开放 / 199
乘势发力：借势起舞，审时度势 / 202
整合能力：会蓄力，更要会借力 / 205

第九章
关于未来 / 209

人联网的思考 / 210
师董会的前行 / 215
走向未来：区块链、智能合约、新工具 / 220

第一章

给新手的话

要择业不要就业

我在讲课时，总有一些刚毕业的大学生问我："胡总，毕业了是创业好还是先就业好？"

大学毕业，是创业还是就业？这是一个很好的问题，但也是一个很难回答的问题。在回答这个问题前，我先讲一讲当年大学毕业时我的选择吧。

我出生在一个贫困的家庭，父母都是勤劳、善良的农民，他们辛辛苦苦活了大半辈子，还是无法改变家庭贫困的处境。

看着家人这么辛苦，我立志要通过上学出人头地，以此改变家庭的命运。

我在很小的时候，就养成了良好的学习习惯。在帮助父母干农活时，我利用一切可以利用的时间学习。功夫不负有心人，从小学到高中，我的学习成绩一直排名全班第一。直到我进入浙江大学尖子混合班，由于这个班汇聚了全国各地的优秀人才，所以我这个雷打不动的"第一名"才被迫让贤。

但我并没有放弃，为了赶超班里的第一名，我咬牙坚持了下来，那个时候我一门心思地投入学习，可以说我当时的状态是极其压抑的。学习之余既不会协调，也不会主动和人打招呼，每天就是埋头读书。

这种紧张的状态，一直持续到我读研究生。硕士阶段，学业相对来说轻松了一点，竞争没有刚进入大学时那么激烈了。那时，我深刻地意识到读书并不是我的最大兴趣和爱好，我想做企业赚钱改变家境。

既然想做企业，就必须要与人打交道。我竞选研究生会主席，就是有意识地锻炼与别人打交道的能力。

在任研究生会副主席时，我与别人打交道的能力得到了很大的提升。我再次认定，自己的选择没有错。于是，研究生毕业后，我以中国区考试第一名的身份到了宝洁公司。我来这里工作是为了锻炼、学习，等有了经验，我再创业。

那时我的内心满怀创业的激情：一定要做老板，一定要独当一面，在企业里我能说了算。在宝洁公司工作时，我做得不错，收入也很可观，但我这种强烈的创业愿望一直没有平息过。

我从宝洁公司离职时，工作做得相当顺利。到了杉杉集团，我心里那种“要做老板”的创业愿望依然还在。对我来说，这种愿望是成长的动力。

想清楚是创业重要还是就业重要。想清楚以后，你就要顺从自己的内心，从心而动。一般来说，要做好以下准备工作，如图 1-1 所示。

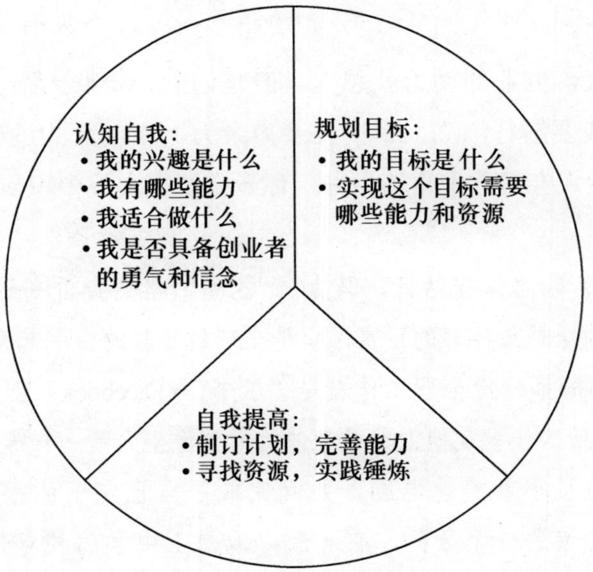

图 1-1　准备工作

如果你已经做好了以上准备工作，我主张你去创业；如果你还没有做好创业准备，我建议你还是先去就业，在就业的过程中逐渐找到自己的感觉，逐渐弥补自己的不足，强化自己的特长，寻找一些志同道合的伙伴。

你在社会上磨炼一段时间以后再去创业就有经验了。我认为这是一个比较稳妥的办法。选择创业或者就业，都不是标准答案。要按照你自己的性格、兴趣、特长、目标等个人因素选择领域和方向，按照个人的社会资源整合能力、经营管理能力决定创业或通过就业来学习与积累。每个人的条件不同，不能一概而论。

但是，无法主动进取、畏惧失败、不肯学习进步，甚至自暴自弃的人，是绝对不适合创业的。要想创业，你就必须有越挫越勇、屡败屡战、置之死地而后生的觉悟，必须有坚持到底、决不放弃的钢铁意志。

成功的创业者，会发自内心地想要改变自己的命运，改变周边人的命运，改变社会的命运，甚至改变世界的命运，这样的人有足够强大的格局走向成功。

梦想越大，创业的动力就越大。但是创业一定要脚踏实地，切忌好高骛远。实战要渐行渐高，事情要亲力亲为。在创业的过程中，绝不要指望其他合伙人会帮你把事情做好，你一定要在实战中积累经验。

《福布斯》杂志保守估计，马克·扎克伯格的身价高达 135 亿美元，在 2008 年成为全球最年轻的巨富，也是全球最年轻的白手起家的亿万富豪。

扎克伯格的第一份全职工作就是“脸书”（Facebook）创始人兼 CEO；而且他的第一份工作就是他创建并让他的财富像坐火箭一样蹿升的“脸书”。

扎克伯格从小就痴迷电脑，并且完成了自己定下的很多艰巨任务。扎克伯格的父亲是一个牙医，有一次，他对上中学的扎克伯格说自己想要了解病人何时到达。扎克伯格听后，开发了一款名为“扎克网”（zucknet）的程序，这是互联网即时通信服务的简化版。

这一年，扎克伯格12岁。这款名为“扎克网”的程序，成为他创业故事的开篇。

扎克伯格进入哈佛大学后，开发了“面网”（Facemesh）等软件。2004年2月4日，扎克伯格发布了当时还被称作“脸书”的社交网站，允许哈佛的学生彼此“交友”。当时这个程序风靡全美，如今已红遍全球。

扎克伯格的创业之所以能获得这么大的成功，是因为他从小就热爱电脑，并且已经到了痴迷的程度，把对程序和对社交的热爱综合到了一起。这样的人创业，不成功都难。

当然，世界上像扎克伯格这样的创业天才少之又少。我们虽没有他的才华，但可以像他这样根据兴趣、特长来选择事业。你一定要记住，将军首先是从士兵做起的。你在创业或就业前，要努力为自己做规划。你觉得创业适合你，那就果断地选择创业；你觉得现在不适合创业，还需要磨炼，那就先到职场上接触一些人，把自己从事的工作做好，再去创业。

总而言之，就业也好，创业也罢，关键在于你内心的选择。你一旦选择了按照自己设定的目标去奋斗，那么无论是创业还是就业，只要你向着目标往前冲，并且在追求目标的过程中不断地对目标进行微调——调整自己有些偏移的方向，改变一些步骤，相信你最终会找到最适合你的创业道路。

无论是就业还是创业，你都要根据自己的兴趣、爱好来选择。即便一时找不到合适的方向或道路，也不要着急，千万不能因为焦急选错了工作。例如，有的大学生看到别人都找到了工作，感到自己没有面子，或者一个人待在家里觉得无聊，就随便找了一份自己不喜欢的工作。这样做的结果，只会让你在工作中消耗时间、枉度青春年华。

下面是我总结的大学生挑选工作的原则。

第一条：自己做主，坚持到底

选择工作时必须有自己的主见。忠告可以听，但决定一定要自己做。

做出决定后，要相信自己，无怨无悔地坚持下去。

第二条：扬长避短，吸取经验

选择工作时要扬长避短，根据自己的优势来择业。具体而言，优势包括以下 3 点：第一是上手容易；第二是竞争力更强；第三是最易吸收经验，成长更快。

第三条：立足志趣，刻苦钻研

没有兴趣的事绝不会发挥你的潜能，一定要爱哪行选哪行。兴趣加钻研，是高专注加上高效率。

第四条：择木而栖，择业而事

好的平台能赋予你更大的空间，好的项目能赋予你更广阔的前景，好的团队能发挥最大的创造力……要知道努力很重要，但是选择比努力更重要。

何谓工匠？120 分才是及格线

近几年，很多企业家提到“工匠精神”。什么才是工匠精神？把东西做到完美就是工匠了吗？真正的工匠精神，至少要 120 分才算及格。

不创新的工匠，还在为 100% 完美而沾沾自喜的“工匠”，距离被淘汰也不过一步之遥！

在信奉工匠精神的国家，即便有了完美作品的人，也只能被称为“艺人”。唯有制作了杰出的作品、拥有自己的“成名作”的创新者和升华者才有机会被冠以“大师”的荣耀。不超越，即庸碌。

我曾了解过种种所谓的“精益管理”。它们大多还只是为了提高效率、降低成本的流程优化，而不是在“精益”的基础上继续“求精”。

但也有一批人凭借“工匠精神”，获得了举世瞩目的成就。

我在师董会举办的游学活动中，参观了国产大飞机 C919 的唯一一家民营供货企业——西子航空，其中对某个航空零件（铆钉）的介绍吸引了我。

西子航空的樊小刚说：“按照国际管理，这个铆钉的生产精度级别要求是十万分之一，全世界的航空公司都在采用这个标准。但是我们的要求是百万分之一，而实际检测结果是百万分之零点三，精度比全世界要高出 30 倍。而且我们还在不断提高工艺水平，很快就要把精度提高到千万分之一。”

这才是我理解的“工匠精神”，不止步，不满足，持续不断地超越世界、超越自己。也唯有这种“精益制造”，才能铸造世界一流的航空配件。樊小刚先生现在是我们师董会的导师，他的这种精益求精的思维、态度，值得我们每个人学习。

很多企业“没有犯任何错误”却倒下了，它们完全恪守了前辈们的美德，并为“遵循传统”而沾沾自喜。这些企业没有意识到：120 分，才是及格线！

100 分的较量是这样的，如图 1-2 所示。

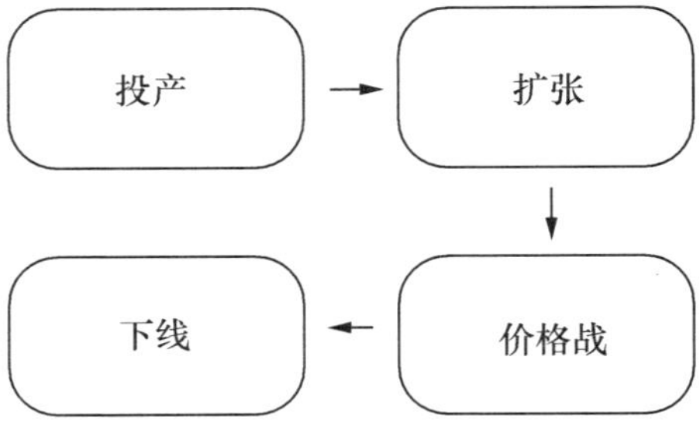

图 1-2　100 分的较量

而 120 分的较量是这样的，如图 1-3 所示。

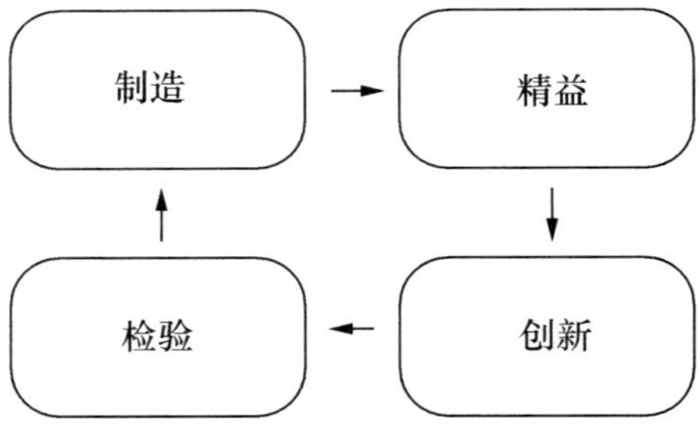

图 1-3　120 分的较量

普通企业与具有工匠精神的企业的区别如表 1-1 所示。

表 1-1　普通企业与具有工匠精神的企业的区别

普通企业	具有工匠精神的企业
以攫取利益为导向	以提高价值为导向
靠降低成本竞争	靠突破提升竞争
产品生命周期短暂	不断注入产品生命新周期
注重短期效益	注重长期发展

工匠精神不是口号，而是自然进化、物竞天择的客观规律。生命要进化，产品和服务也要进化。**工匠精神，是对主动进化意识、主动进化成果的俗称。**

一个学员问我："胡总，现在每家公司都在追求经济效益，我们怎样才能静下心来做工匠呢？"

我的回答："拥有好的心态。"

我的经历让我发现，一个人要成功，必须拥有工匠精神。而工匠精神，需要我们拥有好的心态。这一点，我从小就有很深的体会。

我的父亲是打石头的石匠。打石头既是一份艰辛的工作，也是一份讲究技巧的工作。技巧表现在扔锤子的时候，不熟练的人会不小心砸到别人的手，轻则伤人，重则发生安全事故。

我的父亲自当石匠以来，从来没有发生任何伤人的事情。这让我很好奇，我忍不住问他："爸爸，你是怎么做到把锤子扔下去，不会扔到别人的手上，而且还能够把石头打开呢？"

父亲说："孩子啊，这有什么难的？关键是要有一个好心态，这样在做事情时才能专一、专心、执着。"

现在想来，父亲讲的这种精神，其实就是工匠精神——要执着地去做，踏踏实实地去做，心无旁骛地去做。在父亲看来，只有用心注意自己的每个动作细节，才能把锤子准确地砸到石头上。

父亲的话，让我悟出一个道理：做任何事情，必须用心、专心、踏实、执着。从那时起，我把这种精神用在了学习上，专心、努力、刻苦、一心一意地学习。因为我知道，台上一分钟，台下十年功。要想考进名牌大学，就必须付出比别人多几倍的努力，这应该是学习上的一种"工匠精神"吧。

我在创建杉杉科技时，就秉承了这种精神。

杉杉科技是我一手创建的，后来又从传统服装企业转向做锂离子电池相关材料的企业。转型不易，杉杉科技现在已经是世界上最大的锂离子电池供应商之一。

一天的时间里除了吃饭和睡觉，我一直在想：怎么把这个工艺琢磨透？我和专家、技术人员不断分析、持续验证，最终选定了按照 10∶1 的比例制作生产反应器。

当我们调试时，这个产品并没有调试出来，我几天几夜没睡着觉，一夜之间掉了很多头发。功夫不负有心人，经过一次次的调试，我们最终把这个产品调试成功了，中国的中试装置实现了产业化。

杉杉科技的成功，让我发现：若没有工匠精神，没有持之以恒的精神，没有奋不顾身的精神，没有团结一心的精神，没有兴趣、爱好、执着、忍耐，你是无法做成一件事情的。

有人常问我："胡总，工匠精神的核心是什么？"

我根据自己创业以来的经验，总结了工匠精神的核心，即要有兴趣、爱好，也要有不达目的誓不罢休的精神。

不管什么时候，只有你才能拯救你自己。而拯救自己的唯一办法，就是从小事做起，从每件事做起，一点点积淀，弘扬工匠精神，成就出彩人生。

当你对所做的事情和生产的产品精益求精、精雕细琢时，你离成功就会越来越近。

使出洪荒之力

一次，我在给学员讲课时，在提问环节，一个学员向我求助：“胡总，我参加工作快 4 年了，现在处在饿不死、吃不饱的状态，所以我打算听完您这堂课后，果断辞职创业。”

我笑着告诉他：“你听完我这堂课，不但不会辞职，反而会迈开大步，向着你的职业目标勇敢前行！”

“胡总，我好奇怪，您怎么会有这种想法？我实话对您说，我现在已想好公司的名字，下个月就创业去了，您信不信？”他像是在和我赌气一样地说。

“如果你没有遇到我，可能下个月就去创业了，可喜的是，你遇上了我，下个月就不用急着去创业了。”我继续调侃道。

学员们笑了，他也笑了：“为什么说可喜？我创业难道不是喜事吗？”

“因为你此时创业的话，过不了多久，还会回来的。”我认真地说。

他不服气：“绝不会，胡总，我打工吃的苦，如果写出来，比普鲁斯特写的《追忆似水流年》还要厚了。更可悲的是，我使出洪荒之力赚的钱，连自己都养活不了。”

“普鲁斯特写这本书是真正使出了洪荒之力，而你在工作中并没有做到。你若真的在工作中使出了洪荒之力，根本不会是这样的结果。”我微笑着对他说。

他有些激动地说：“胡总，何以见得？您是不是怀疑我没有好好工作，才说我没有使出洪荒之力？”

“你听我慢慢和你道来。”我笑道，“你说你在工作中使出了洪荒之力，那么我问你，‘洪荒之力’是怎么来的？”

“网络热词啊！这还用问。”他和台下的学员一起回答。

“错！容我慢慢给你们解释，再容我慢慢地把洪荒之力与我们做的事情相结合告诉你。”我说道。

洪荒之力，常见于网络文学作品中对玄幻力量的表述，网友们借此词形容一个人的血脉中蕴藏的巨大力量或潜力。不过这个词真正变成全民热词，不得不提傅园慧。

2016 年 8 月 8 日的里约奥运会，傅园慧得知自己在 100 米仰泳半决赛中游出了 58.95 秒的成绩后不由惊呼：“我有这么快！我很满意！”“我已经……用了洪荒之力了！”2016 年 8 月 9 日的决赛后，当她被告知她比银牌得主只差 0.01 秒时，傅园慧回答：“那可能是我的手太短了吧！”

傅园慧的直率坦白让她一夜之间红遍网络。粉丝在网络中赞她为“洪荒少女”，“洪荒之力”一词也成为全力拼搏和进取精神的代名词。

傅园慧成名于 2011 年的世界青年游泳锦标赛。她在那次比赛中，夺得 100 米仰泳银牌，并在随后的全国游泳锦标赛上夺得金牌。2011 年第七届城市运动会，傅园慧夺得 4×100 米自由泳接力金牌，这是她首枚全国综合性赛事的金牌。2014 年 1 月 31 日，在澳大利亚举行的五国游泳对抗赛女子 50 米仰泳中，傅园慧获得冠军。2014 年，她在仁川亚运会上获得 100 米仰泳冠军。

5 岁时，傅园慧就被爸爸送进杭州陈经纶体校练习游泳。众所周知，体校的训练是非常苦的，但傅园慧坚持了下来。

在 2016 年 4 月佛山全国冠军赛上，她称自己的状态很不好，100 米仰泳才获得第八名，回忆当时的情况时，她感慨道：“当时从世锦赛（2015 年喀山世锦赛）回来后太累了，并且我一直在生病，呼吸系统出现了问题，咳嗽不止，肺部有感染，没法承受高强度的训练，一训练就生病，教练就帮我调整，冠军赛时我没有恢复，状态就特别差。当时临近奥运会，我觉得我简直走到了人生的尽头，挺绝望的。但我又很快劝自己，人生也不只有游泳……”

就是在这样的处境中，傅园慧咬着牙挺了过来，这才有了她在奥运会时的“洪荒之力”一说：“因为大家都非常相信我，都没有放弃我。如果当时没人管我，没人相信我，让我随波逐流，我也没办法这么快恢复。领导和教练非常坚信我能在奥运会游出好成绩，我就立志一定要努力训练、超越自我，但我也没想到能拿奖牌，太不可思议了。”

可以说，傅园慧站在领奖台上的风光，正是她多年如一日坚持苦练、带病参加运动会的结果！

当你看了傅园慧为梦想拼搏的故事，是不是发现她是真正地使出了体内的“洪荒之力”？使出“洪荒之力”的人，应该是傅园慧这样的状态：在经历逆境后，依然笑对人生的态度；即便带着病，也仍然坚持参加比赛。当她在获奖后说出“我使出了洪荒之力”时，她是在发自内心地说，我们是在发自内心地听，并且也发自内心地相信，她确实使出了“洪荒之力”！

我们在工作中，如果能够像傅园慧这样使出“洪荒之力”，就绝不会有像现在这种动不动就辞职、转行的工作态度。

使出“洪荒之力”不只是说说那么简单，必须要付诸行动。

1992 年 5 月，我在众多的竞争者中，以第一名的成绩进入 P&G 公司，这家公司的中文名叫宝洁公司。

当初，我想去的是市场部，但由于我毕业于浙江大学的工学工科，被分配到 PSO 部（工艺认证部），这让我的心情不太愉快。后来，我为这件事情和主管领导沟通过多次。与此同时，我依然积极地对待工作，兢兢业业地学好自己的本领，管好工厂的日常事情和技术。一年后，我晋升为部门经理。

我凭着自己的能力升了职，这让我感觉比较踏实，但是我想做营销的欲望，仍然像刚进公司时一样强烈。

说实话，进入宝洁公司后，我的工作能力和水平得到了实实在在的锻炼和提高，主要表现如图 1-4 所示。

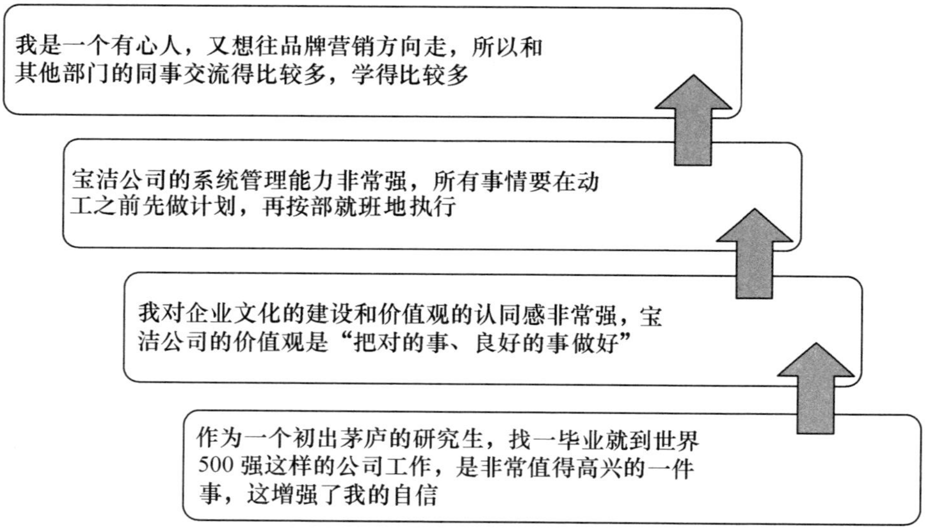

图 1-4　进入宝洁公司后的成长

我今天取得的成就，和我在宝洁公司工作的心态有着密切的关系。即便当时我没有做自己喜欢的营销工作，但我仍然把眼前的事情做得很好。这样的工作态度和尽心尽力工作的好习惯，的确让我受益匪浅。

到目前为止，我认为选择到宝洁公司工作是一件非常幸运的事，它让我学到了很多，得到了很多。我今天取得的成就，得益于我在宝洁公司打下的基础——在这里，我拥有了较大的国际化视野。

我做职业经理人最大的感悟是，在选择工作岗位时，要结合自己的特长、特点、兴趣爱好。一旦选好了，就要扎扎实实地把眼前的事做好，千万不要轻易下结论，哪怕你明天就要离开工作岗位了，也不要发牢骚；而是把这段经历当作你人生的磨炼和阅历，脚踏实地地做好每件事，把困难当作一条必经之路，把克服困难当作一项乐趣来对待。

在我30多年的职业生涯中，我认为比才华更重要的是规划，即时间管理，以及足够的耐心和体能的储备，它们是让我们拥有“洪荒之力”的必要条件。而这其中最重要的是勤奋、努力和坚持，正因为这些品质，才让我们的才华和规划变得有意义。

我曾经在一家上市公司看到一句醒目的话：为使命工作，而非为金钱工作。每个人来到这个世界，都是带着使命来的。只有发挥自己最大的价值，才可以称得上有意义地活着，才是不虚此行。那么如何能活得有意义呢？

答案就是，我们对工作要勤奋、要努力，并且要在工作中不断地提高自己的学识和能力，不要为了薪水而工作。工作固然也是为了生计，但是比生计更可贵的，是在工作中发掘自身的潜力，发挥自己的才干。

曾经有人做过一个调查，在被调查的10万名70岁以上的老人中，77%的老人回想自己走过的一生时不禁感叹：年轻时不够努力，以至于现在感觉不到一点成就感。

当你抱怨总是达不到工作目标时，请问问自己：“我在工作中真的使出了‘洪荒之力’吗？”

连孤独都受不了，还怎么创业

有位“90后”学员向我请教：“胡总，最近我感到特别孤独。我觉得我辛苦设计的方案不落俗套、标新立异，可是被老板拒绝了，连给我解释的机会都没有，同事们也对我冷嘲热讽，我感到自己不被理解，我真想任性一次，干脆辞职创业算了。”

我对他说：“如果你连孤独都忍受不了，就不要谈创业了。”

他不解地问：“孤独和创业有什么关系？”

我说：“当然有关系了。你之所以孤独，是因为你在设计方案时，没有从众，投入了自己独特的思想、灵感、创意，另辟蹊径，才不被人理解。但这些恰恰是一位优秀创业者的必经之路。别人不理解的领域，才有最丰富的机会。优秀的创业者所做的事情一定是为大多数人不理解的，所以才会感到孤独，并且会遇到很多困难。怕孤独，怕困难，还怎么创业？”

任正非说：“有足够定力的孤独者，才有可能成为中国商界的独孤英雄。”他坦言自己的私生活是痛苦、寂寞的，“我个人与任何政府官员没有任何私交关系，没有密切的工作伙伴，与中国任何企业家没有往来。我的私人生活很痛苦，非常寂寞，找不到人一起玩，和基层员工离得更远一些。为了公司能够平衡，我得忍受这种寂寞，忍受这种孤独。”

任正非在华为内刊《华为人》上刊登了两条短信，虽署名为佚名，但华为内部人员透露这是任总的文风，其中一条名为《商人要耐得住寂寞》，原文如下。

争利于时，乃商人之本性，从商之要义；而逐名于朝，却是商人之大忌，经商之歧路。熙攘之红尘无疑有既定的角色定位，从某些意味上讲，“明星”

的桂枝专属于从艺者和从政者，以及其他阶层去攀折，唯独企业家和从商者要远离，甚至越远越好，名利不可兼得，就像从政者不得趋利，商人亦不应竞名。

三十年的中国商史，有太多的商界强人耐不住寂寞，在些许的成就和辉煌面前，被动或主动地将自己置于炫目的聚光灯下，或派对聚会中，去寻找飞蛾扑火的那一刹那的快感……其结果往往是名成矣又败矣，而利亦失矣，甚或身裂也。

智者说："要成功就要耐得住寂寞。"事实上，相当一部分成功者经历过孤独。屈原在被人猜忌时写下《离骚》；司马迁遭宫刑后著《史记》；爱迪生在经历了1600多种材料的试验失败后发明了电灯；梵高死后其画作才被世人接受。

2017年大热的《战狼2》，吴京在资本遇冷、女主角离开、众人不看好的困境下，坚持信念，忍住寂寞，倾家荡产，抵押房子拍戏。最终创造了56.8亿元的中国电影票房神话。

耐不住寂寞，自暴自弃者，又怎么可能成功？

有位朋友在微信上问我："胡总，做企业家孤独吗？您是怎么处理孤独这种情绪的？"

朋友的关心让我非常高兴，我对他说："我从不怵孤独，因为我已经习惯孤独。"

至于我为什么会习惯孤独，这与我的童年经历有关。

我的父亲是以打石头为生的，母亲是一个典型的农村妇女，我们家有3个小孩要读书。因为经济来源不稳定，一家人的生活过得十分艰苦。每当我看到我的父母为全家人的生计奔波时，我的内心都是孤独的、绝望的。

那时，我下定决心，将来一定要做人上人。为此，先要吃得苦中苦，要忍受孤独。我对自己说："只有自己成功了，才能赢得别人的尊重，实力决定一切。"

这几年我做企业深有体会，不理解、不支持、不配合、不信任，哪怕你做的是正确的，哪怕你做的根本不是为了自己，也一样可能遭遇重重阻碍。这个时候我就会感到特别孤独。

我平时工作很忙，处理孤独的方式就是拼命工作。不工作的时候，我会锻炼身体，我认为运动是排解孤独的好办法。

不要把孤独理解成很可怕的事，孤独是每个人的日常生活中经常会遇到的事，是创业者的常态，主要表现为以下情境：别人不理解你的时候；生活受到打击的时候；工作受到打击的时候；事情没有处理好的时候。

在我看来，心胸是被委屈撑大的，孤独的时候我们要多想一想。

让你觉得孤独的人，是否值得你在意？（别怕被人嫉妒，不遭人妒是庸才。）

你坚持的孤独是不是正确的？（真理和胜利不会因为孤独而抛弃你。）

用最大的努力做正确的事，是一定会有回报的。创业之路是千军万马过独木桥，能在独木桥上冲过去的人，一定是孤独的。

想通了，就要学会自我调节，用良好的心态积极应对孤独，把孤独当成工作和生活的一部分。我们要在孤独中丰富经验、学习技能、提高自我，把孤独当作人生常态，最终走出孤独。忍受孤独的能力越强，最终得到社会承认的可能性就越大。

《纽约时报》将复星集团比作迷你版的伯克希尔·哈撒韦公司，《英国金融时报》将郭广昌称作“中国的巴菲特”。有成就，有光环，但郭广昌依然认为自己是孤独的。

郭广昌多次说过：“做企业到现在，我越来越感觉人是需要相信一点什么的，在追求商业真理的过程中，你永远是孤独的，这个‘孤独’并不是说你不需要自己的团队，你的团队也是孤独的，总是要带着自己的船往前开。”

郭广昌与财经作家李德林长谈了 8 个小时，他不断重复一句话：“我很孤独。”

李德林开玩笑说：“你别逗了，上百亿的规模，对你来说很多人不是招之即来吗？”后来李德林发现自己错了，企业家的孤独与恐惧同行。

虽然孤独，但郭广昌依然是企业家里的“正能量担当”。他告诉周围的人，在大家都觉得很困难、表现出“懦弱”的时候，“我们要勇敢一点”“挺过去”。正是他的正能量和他的“三个相信”，让他挺过了大风大浪，在风口浪尖中孤独前行。

真正的强者是拥抱孤独、独立思考、敢于在“世人皆醉”时坚持“我独醒”、即使被人群围绕也能全神贯注于自我内心、虽然长期被孤独围困、但依然能找到人生意义的人。他们在喧嚣的时代中，与孤独共舞，在孤独中自我发现、自我实现。

外媒曾经称马云是“中国最孤独的创业者”。众所周知，马云和阿里巴巴公司是在共同度过一段艰难的时光后，才有了辉煌的今天。为此，马云说：“当时，一些淘宝卖家来到位于杭州的阿里巴巴总部门前，抗议淘宝商城提高开店保证金时，我真的很孤独。”

自创业以来，马云一直认为自己是当地创业者的拥护者，他认为更高的市场准入门槛对于打假是必要的。但是，令他郁闷的是，没有人愿意相信他。不被人理解的马云，成为一个孤独的人，好在他很快适应了孤独，并在孤独中“静下心来”，管理好自己的情绪，这才使他无比清醒地带领阿里巴巴在互联网公司中闯出了一条财富大道。

企业家，尤其是成功的企业家，光鲜的背后总是承受着更大的孤独与寂寞，但这些孤独让他们更加富有创造力和忍耐力，在孤独中杀出一条血路。如果一个人连孤独都忍受不了，那么就别奢谈创业了。创业者需要的是在激情过后拥有一颗冷静的心。

知道自己是谁

经常有一些学员在微信公众号的后台留言。

"胡总，我这个职场小白，总是被公司的老同事嘲笑，我该怎么办呀？"

"我参加工作两年了，可还是无法适应职场，感觉自己就像小丑一样。"

"胡总，打工太不容易了，上有老板监督，下有同事之间的竞争，我这小小的身板，被职场伤得遍体鳞伤，现在变成了一个难看的胖子！"

……

看着这些留言，我能体会到他们处境的艰难，毕竟我也是从他们那个阶段走过来的啊！但是再大的困难也有解决的办法。

于是，我统一回复他们："不怕，知道自己是谁，就不会被别人左右了。"

我说这话是有根据的，人在职场，需要和很多精英、大咖过招，武功不高的我们如果不讲究一点技巧，势必会败得一塌糊涂。

我认为最为励志的当属马云，他长相一般，上学成绩一般，就连当初找工作时也是处处碰壁。难能可贵的是，他知道自己是谁，所以当他打算进军互联网时，任凭被人骂作"骗子"，任凭被拒千万次，他也不在乎，因为他知道自己要做的事情会成功，并清楚地知道自己能够做好它。

由此来看，身在职场，我们只有清楚自己是谁，才不会在人群中迷失自我、失去立场，变得随波逐流。

想想我在职场这么多年，之所以能够一路顺利，是因为我知道自己要做的事情是把属于自己的工作做好，其他的一切事情都与我无关。

一个能认清自己的人，是知道自己身上的优点的，当你把优点发挥出来了，就会成为一个有气场的人。一般来说，一个有气场的人，必须具备以下 3 种能力。

能力一，自律。认真管理时间，每天有效率地做最重要的事，见最重要的人。

能力二，自愈。大成者都是大磨难者。领袖必须有愈合自己伤口的能力，只有这样才有机会接受更大的挑战，变得更加卓越。

能力三，自信。无论多疲惫，遇到多大的困难和挑战，依然激情四射、光芒万丈，足以影响别人。

人生如戏，要靠人际

有位学员向我讲述了他的困惑：“胡总，我工作五六年了，凭着自己的工作能力，给公司创造了不少收益。可是老板一直不提拔我，我有过很多次辞职跳槽的冲动。”

我说：“有一些问题，你在这个公司解决不了，换了公司这个问题仍会困扰你。”

他连连点头：“我和您的想法一样，所以一直没有离开现在的公司。但是，上周部门空降了一个部门经理。让我很不服气的是，这个新的部门经理居然比我小了十岁。”

我为他分析：“你有没有想过，老板不提升你的原因是什么？”

他沉默了一会儿，回答：“我不会处理人际关系。新经理上任的第一天，我就和他发生了冲突。”

我说：“学会巧妙地处理人际关系，是管理者必备的素质。你现在要做的事，不是换公司，而是提升自己，协调好与周围人的关系。”

其实，不只是在职场上，在生活中我们也需要处理好人和人的关系。人生如戏，要靠人际。你在人生的舞台上，能否成为主角，取决于你是否能协调好与身边人的关系。

如何处理好人际关系，仁者见仁，智者见智，并没有标准答案。再伟大的企业家都会面临处理人际关系的复杂问题。

20 多年前，我以一个“空降兵”的身份，从宝洁公司调到了杉杉集团。我第一年任总裁特别助理，第二年做了副总裁，是“三把手”的位置，当年的董事会主席郑永刚先生对我非常器重。

但我们做任何事情都会面临各种问题。公司的人觉得你有可能会取代他的位置，为了自保，他会想办法为难你。这个我能理解，因为人有嫉妒心是难免的。

我发现这些问题后，没有怨天尤人，而是想办法赢取他们的信任，至少可以减少工作阻力，或者不影响我的工作。于是我采用了以下办法。

第一，努力与他们沟通

需要交流的时候，我会主动、耐心地交流，至少赢得他们的理解。

第二，玩命地工作

别人不愿意做的工作，我会自告奋勇地站出来，告诉他们我来做。总之，工作中的累活、苦活都归我，凡事我都会冲到第一线。

第三，少说多做

尽量不要过多地谈论对公司的看法和对同事的看法。涉及我自己需要做的事情，我当仁不让；涉及别人需要做的事，尽量少评论，如果要评论也应该以鼓励、表扬为主。

以上方法虽然奏效，但有些人还是会把你视作威胁。在这种情况下，我采用的又是什么办法呢？非常简单，就是努力工作，用拼命的工作来弥补他们对我的敌意。

同事之间相处，有话可以当面比较委婉地指出来，坚决不能背后议论别人，所以希望大家在工作岗位中一定要处理好人际关系，少在背后议论人，碰到问题当面解释，多赞扬别人的优点，少议论别人的缺点。

实际上，人际关系处理秘诀就是两个字：真诚。不管和什么人相处，不管你用什么技巧和方法，必须以真诚为基础。下面就为大家提供几种与人相处的原则，如表 1-2 所示。

表 1-2　与人相处的原则

1	诚心对人，将心比心	• 在工作中，总会遇到形形色色的人，他们来自不同的地方，性格、习惯等各不相同，相处中难免出现不愉快。这时，你要换个角度想，大千世界，相识就是缘分，尽量做到诚心对人、将心比心、找共同的话题多交流，并且做到不嫉妒他人、不怀疑别人
2	管理自己的情绪	• 一个人如果连自己的情绪都控制不了，即便给你整个世界，你早晚也会毁掉一切。特别是当你听到和自己观点相左的意见时，如果不控制情绪，很容易与人发生冲突。所以，这时候管理好情绪很重要，具体可以这么做：自我调节一下情绪，稳定几分钟，把逆反情绪平息下去；然后心平气和地认真听取对方的意见。若对方说得对，就要感谢对方帮你指出来，再告诉对方自己以后会改正；若对方说得不对，也要在表示感谢后，用最短的时间解释清楚
3	客观地看待别人的优点和自己的缺点	• 每个人都有优点和缺点，与同事相处，要学会正确平衡自己的不良心态，多看对方的优点，放大对方的优点；而对自己的缺点，也要客观地对待。不管同事如何在背后议论你，都不要在意，并且对传话的人敬而远之
4	把本职工作做到极致	• 公司是以盈利发展为目的的组织，所以职场首先是工作的场所，其次才是一个“小社会”。无论是职场新人还是老员工，做好自己的工作才是第一。良好的工作表现和专业素养会让你拥有两个优势：一是让你不拖团队的后腿，不会成为“讨人嫌”的对象；二是直接体现你的自身实力。职场对有实力的人会给予更多尊重
5	少说多做	• 言多必失，太多话的人，不管任何时候在职场都是不受欢迎的。这种人有时候看起来和很多人相处得很好，但是大部分人不会和这类人有更深一层的交流，因为这种人一般很难保守秘密，也不懂得把控人与人交往的分寸。所以最好的做法就是少说话、多做事。职场人可以对企业外部的事情发表看法，但是切忌评价企业内部的同事、领导
6	与人交往要给人面子	• 凡事说话留三分余地，与人方便，就是与自己方便

除智商、情商外，更要懂“职商”

有一次，记者采访黄渤。

记者：国庆档有 3 部你的电影上映，你最喜欢哪一部？

黄渤：请问今天 3 部电影的导演哪位来了？

记者：帅哥、美女哪种是你不能演的？

黄渤：谁说我这个帅哥不能演美女了？

记者：你是否会取代葛优？

黄渤：这个时代不会阻止你闪耀，但你也覆盖不了任何人的光辉，因为人家是创时代的电影人，我们只是前行的一些晚辈，对这个不敢造次。

看了上面这个例子，相信你也会和我一样，为黄渤高情商的回答叫好。在娱乐圈，黄渤不但智商高，情商也高。

有人认为，情商对人的成功起着比智商更加重要的作用。其实，事实并非如此，智商和情商都是人重要的心理品质，都是事业成功的重要基础。要在现代的职场上打拼，只有智商和情商是远远不够的，你还需要具备超高的“职商”。

从图 1-5 中，我们可以看出，职场能力包含了对智商、情商、职商的管理。

余世维先生把一个人的职业化从外到内，从低到高分为 4 个层面，分别是职业形象、职业技能、职业态度、职业道德，如表 1-3 所示。

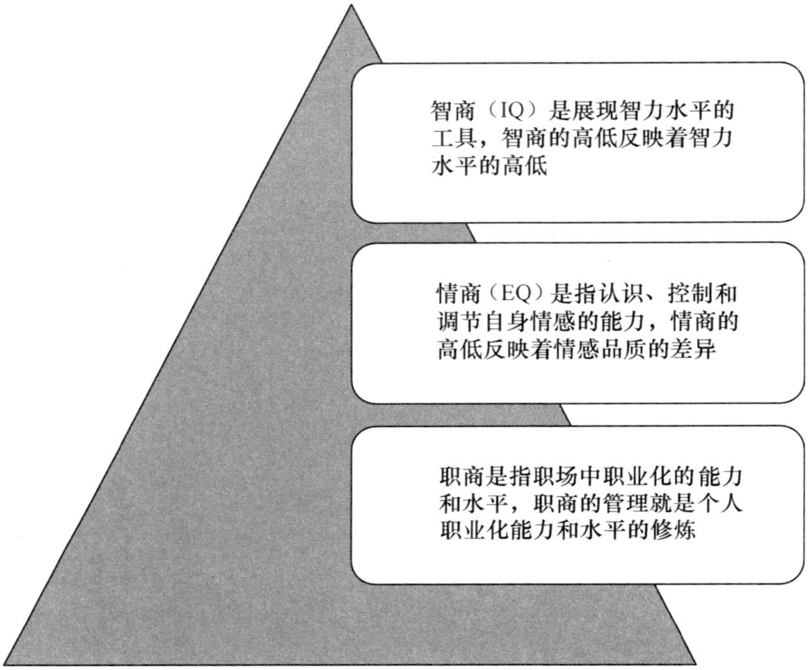

图 1-5　在现代职场中所需要的能力

表 1-3　职业化的 4 个层面

职业形象	• 指一个人的外在形象、穿着、谈吐、行为举止、礼仪等，你的职业形象代表的是你公司的形象
职业技能	• 职业技能和专业技能是两个概念。例如，一个教师的讲课能力、开发语言的知识技能等属于专业技能；而职业技能是通用的，是从事任何工作的人都需要具有的。例如，时间管理能力，会不会管理时间和制订工作计划，是很有条理还是比较杂乱。又如情绪管理能力，遇到困难是沮丧、灰心、放弃，还是积极主动、迎难而上，这些都是职业技能。职业技能支持个人职业的发展
职业态度	• 态度决定一切，知名企业更是强调态度比能力更重要，这是因为能力是可以培养的，而态度的改变难上加难。良好的职业态度用一个词语来展现就是“敬业”。例如，公司是五点半下班，如果你把将工作做好作为下班的标准，远比你把五点半作为下班的标准更佳，前者体现的是敬业，后者则是态度问题。任何一家企业都欣赏敬业的员工，而那些事情没做完也到点下班的员工，只是把工作当作一份谋生的手段，会因此丧失更多的职业发展的机会。职场规则很残酷也很现实，你怎么对待职业，职业也会怎么对待你

续表

职业道德	• 这是对员工最高也是最难的要求。有人说人的一生其实是在做一件事，即打造我们在职场中的个人信誉和品牌。个人职业品牌打造的困难在于，打造一个好品牌需要持续十年、二十年，甚至更久的时间，但是如果你不小心做了一两件错事，你打造的品牌就毁于一旦了。所以坚守职业道德是我们必须做的

我个人认为，职业道德最为重要。我这里说的职业道德，就是人的品德。诚然，职商高的人要有较强的工作能力，但必须以品德为本。可以说，高职商和能力是缺一不可的。如果能力是高楼的话，那么品德就是地基。同时，我认为在职场中，这两项能力是最为核心和重要的。

第一，资源的整合能力

在职场中做事，如果会利用身边各种各样的资源，能整合更多的资源，就能更有效地做好事情。沟通也好、人际关系也好、创新也好，都属于资源整合能力的子能力。你能整合多少资源，就能拥有多少成就。

第二，职场的生存能力

社会很现实，职场也很现实，二者都需要我们主动适应环境，而不能等待环境为你改变。

总之，**要想把一件事情做好，首先要充分了解这件事情。如果你认同我这个观点，那么你现在就应该开始重视自己的职商。你的职商越高，越了解如何获得成功，在职场中做出正确决策的能力越强，越能出色地完成工作，追求自己的职业目标。**

现在，你可能觉得花时间提高自己的职商有点小题大做，认为提高职商只是改善自己处境的关键，你这样想就错了。下面我们来看一则寓言故事。

有只猫头鹰很喜欢唱歌，但因为唱得很难听，经常遭到邻居的投诉。为此，它和邻居的关系不好，想搬家，换一个环境居住。

黄莺看到猫头鹰在树林里忙来忙去，好奇地问："你在忙什么呢？"

猫头鹰闷闷不乐地回答："我在忙着搬家。"

黄莺越发奇怪了："你不是刚搬来几个月吗？"

猫头鹰气愤地说："这里的人和我之前的邻居一样让人讨厌，它们嫌我唱得难听，所以我要换一个地方住。"

黄莺给猫头鹰说："你这样搬来搬去多累，为何不把精力放在提高自己的歌唱水平，以及与邻居的相处上呢？"

猫头鹰想想也是。从那以后，它一边礼貌地与邻居相处，一边苦练自己的歌唱水平。它不但提高了歌唱水平，还和邻居们成了朋友。

当你想逃离自己不甚满意的工作时，或者当你希望得到一个答案来解决自己在职场中面临的问题时，你首先要问问自己：**为什么你会进入一个自己不满意的行业或公司？为什么你会做这些自己不喜欢的工作？为什么你会给这么不靠谱的老板打工？**

在困难面前，我们与其逃避，不如直面。你在这个地方解决不了的问题，在另一个地方同样会困扰你。那些职商高的人，从来不会逃避困难，而是想办法解决问题。他们宁可改变恶劣的环境，让自己成长，也不会浪费精力换环境。

下面，我举一个在我初入职场时因为职商从中获益的例子。

刚进入宝洁公司时，我想从事营销方面的工作。但不巧的是，我被分在了另一个部门。我一边向公司提出调换工作岗位的要求，一边尽全力做好目前的工作。

半年后，我用自己的能力实现了自己的职业理想，调到了营销部门。那段时间的工作提高了我的职商，让我了解到自己的潜能；同时也让我领悟到：当你沉下心来做事情时，即使是不喜欢的事情，也能做得很好。

提高职商其实很简单，即提高工作能力。例如，同样是谈客户，有的人谈客户很容易，有的人却很费劲，原因就在于两者的工作能力不一样。

工作能力的提升，有时与经验没有多大关系，而与熟练程度有关系。只有把一件事情做熟、做透，我们才能找到其中的窍门，领悟其真谛，从而达到一种前所未有的境界。

在职场中，每个人都在拼命地保住自己的饭碗，努力地提升自己的技能。我们每个人都要在职场打拼二三十年，在这个拼学历、拼能力的年代，我们想在职场上有所建树，唯有把智商、情商、职商结合，让自己的专业能力通过千锤百炼日益精进。但是“职商”并不是所有人都能学会的。下面为你提供几种提高职商的方法。

第一，用实力验证自己的价值

进入一家新公司时，老板不是很重视你，你或许会自我纠结，认为这会影响自己晋升的机会。事实远非如此，你没有必要一开始就过于表现自己，而应尽快了解公司的流程，尽快上手，增强和同事的沟通，争取给上司和同事留下好印象。等完全熟悉工作后，再一步一步地展示自己的才华，一步一步地接近权力中心的核心人物。当你用实力说话时，他们对你的评价会更好，你晋升的可能性会更大。

第二，设置好自己的底线

人与人之间的相处只有达到一种平衡关系时，才能够相安无事地相处下去。知道了这个道理后，你要让同事知道你的底线，保护好自己的权益，千万不能做职场“烂好人”。你无须“卑躬屈膝”，任何的工作都是“对事不对人”，你的唯一目标就是完成公司交给你的合理任务。

第三，成为不可替代的员工

身在职场，要锤炼自己的能力，让自己无可替代。任何公司都不会随便解雇一个“独一无二”的人，因为你的实力超群，短期内没有办法找到人替代你。

一个没有价值或价值不被认可的人，终将被取代。任何人的取舍之道，都在于这个人所提供的价值。社会是现实的，短暂的“不可替代”不是永恒的，你需要不断提升自己的价值，内化为能力，让企业看到你良好的业绩以及非凡的“投资回报率”。所以，要想维持关系，就需要在确保自己高价值的同时，和企业一起进步。

在这个瞬息万变的职场中，不管是对职场新人还是对职场老员工来说，缺少情商、智商、职商，是没有办法在职场立足的。所以我们除了踏踏实实地工作，还要一步一个脚印地积累自己的经验，同时要经常反思、回顾自己的工作历程。

老板眼里的普通员工和优秀员工

我有位学员，大学毕业一年，在一家私企做销售，拿到的薪水交了房租后，所剩无几。他反复问我："胡总，我毕业于重点大学，在学校属于学霸级的人物，可我工作后，却变成了'职渣'，说多了全是泪啊！有时我连起码的温饱问题都解决不了。您能帮我指点指点吗？"

我说："很简单啊，从学霸变身为职霸。"

他疑惑地问："您是说学习工作方面的专业知识？我是不是要报销售培训班？要拜师学艺？"

我笑着说："没有那么复杂，其实就做一件事。"

看他仍然不信，我向他讲了我一个朋友从"职渣"转变为"职霸"的故事。

3 年前，我的朋友和一位毕业于名牌大学的同事在同一家外企就职。他们虽然同时入职，但因为对方毕业于名校，又是研究生学历，所以，做同一份工作的他们，拿的是不一样的薪水，对方比他多出 1000 多块钱。

半年后，我的朋友就像坐了火箭一样，职位青云直上，薪水自然也提高了。而那位名校毕业的研究生处在原地踏步的阶段，入职时拥有优越感的他自然想不通，认为领导在厚此薄彼。于是，他去找领导要公平。

领导得知他的用意后，并不生气，而是让他把我的朋友叫来。领导当着他们的面，让他们做同一件事情："我们公司新生产的产品即将上市，今天让你们去做一个市场调查，看看市场上有没有卖同类产品的，明天向我汇报一下你们的调研结果。"

两人领了任务后离开了。

第二天，研究生第一个来向领导汇报工作："我在市场上看到只有一个商户卖的产品，和我们即将上市的产品差不多。"

领导听后问："商户经营此类产品有多少？价格是多少？"

研究生一听懵了，委屈地说："您并没有叫我打听商户有多少产品和价格啊。"

领导把我的朋友叫来："你讲一讲你调查的结果吧！"

我的朋友拿出一张纸，交给了领导，领导看后笑了，接着拿给研究生看。研究生怀着好奇心一看，不由得惊住了。在他看来，市场调查就是几句话的事，可是我的朋友做了一个详细的调查表。

这张调查表上写着："市场上只有一个商户在卖同类产品，一共有两箱，价格是 109 元一套。产品的质量虽然不错，价格也不高，但是较我们即将上市的产品，质量方面有所欠缺。我买了一套，以便与我们的产品对比。除此以外，对方产品的品种、性能，远远没有我们的产品好。我曾经问过该商户此类产品的销售情况。商户告诉我，顾客目前比较青睐该产品，但明确表示产品过于单一化，他们对产品的功能也不满。商户说，如果该产品符合这两点，价格高一点也没有关系。我趁机向他介绍了我们的样品，商户大喜，并给了我一部分定金，表示我们的产品一旦上市，他会优先购买。"

看完调查表，研究生沉默了。

听了我的故事，我的学员无不佩服地说："您的朋友太厉害了，同样是做市场调查，他却在调查过程中为公司拉来一个大订单。"

我笑道："其实他在市场调查的过程中，只做了一件事，那就是他把工作中的每件小事都当成了大事，然后用心地去做。失败的大敌就是用心。一个人一旦用心了，做任何事情都容易成功。特别是当你把简单的工作用心做时，能让你由小事彰显出大智慧。”

俗话说：“世上无难事，只要肯登攀。”要想成为优秀员工，其实并不难，只要我们用心工作、勤思善想，你就会像我的朋友一样，完成从普通员工到优秀员工的逆袭。逆袭方法如表 1-4 所示。

表 1-4　普通员工到优秀员工的逆袭方法

	普通员工	优秀员工
择业的着眼点	• 看工资的高低，看工作的时长，看工作的难易，四处对比可以跳槽的公司	• 看公司的价值、看工作中的机遇、看自身能力得到发挥的空间、看可学习的工作技能，思考公司的目标和自己能做的事情
工作态度	• 被动等待任务分配，工作敷衍了事；不愿主动承担责任，常用推卸的方式“踢皮球”，甚至拖延怠工	• 在本职工作之外，积极承担能力范围内的职责，主动寻找公司需要解决的问题，积极完成
执行状态	• 不思进取，遇到不懂的问题只会向人求助而不自己努力解决；坐等领导考核指正问题；给管理者造成负担	• 清晰了解公司意图，主动思考工作的最佳完成方式和最佳结果，独立完成力所能及的部分，学习完成力所不能及的部分，请教学习、不断成长，自驱力很强，无须领导费心
面对人际关系	• 以自我为中心，不考虑他人感受，缺乏与人相处的技巧	• 懂得尊重与包容，有良好的相处技巧，有原则、有底线
工作习惯	• 工作不看目标、不分主次、不排优先顺序；做事杂乱无章、手足无措	• 有良好的工作规划，有准确的时间观念，重点清晰、井然有序
面对错误	• 第一反应是掩饰和辩解，找出种种理由；对别人的建议总有抵触心理，我行我素	• 在错误中及时吸取经验，努力避免重复发生
未来规划	• 随波逐流、没有目标、苟安今日、得过且过	• 确定目标、进行规划、完善自我、不断进取
视界	• 只看眼前，斤斤计较于一时的得失	• 思考未来，无论是择业还是创业，先考虑前景，考虑值不值得自己付出；一旦确定，全力以赴
下班后	• 纵情享受，挥霍时间与精力，追求休闲放松	• 调养身心、保持健康，利用放松的时间，做一些有意义、有价值的事情

第二章

员工的职场法则

你的待遇取决于你的价值

同一年参加工作，几年后，为什么有人成了公司的业务骨干，可有人还在四处寻找工作？

在同一个行业中就职，几年后，为什么有人升至总经理，有人还是普通员工？

在同一个领域打拼，几年后，为什么有人成了资深的职业经理人，有人还在为工资一年没涨几百块钱而耿耿于怀？

同样是创业，几年后，为什么有人已经是身价过亿的董事长、老板，有人却因公司经营不善负债累累？

起步一样、学历一样、家庭背景也差不多，为什么几年后的差距却是天壤之别？

难道真的是运气、智商、能力、勤奋程度决定的吗？

绝对不是！

这是由一个人的价值观决定的。

下面这个故事是我一个客户的故事。

10 年前，他海外留学归来后，在一家国企就职，薪水比上不足比下有余，工作时间很有规律，每天早上八点半上班，下午五点半下班。

最初，带着激情工作的他很卖力，每天早早去办公室学习业务知识，向前辈请教。一年下来，他的工作能力得到很大提高。第二年年底，公司将他评为优秀员工，却提升另一位能力不如他的同事为部门主任。

他有点郁闷，倒不是想急于升职，而是觉得那位升为主任的同事，刚来公司半年，论业务能力和工作年限，都远远不如自己。

“咱们公司论资排辈。不如趁着年轻，把业余生活安排得丰富多彩，享受这充满激情的青春。”

“我们再努力，充其量也是饿不死的打工者。要想多赚钱，就要给公司创造不知多少倍的价值。与其卖命赚那点钱，不如轻轻松松地拿个基本工资。还落个清闲，落个心理平衡。”

……

在过去，他会对同事之间这司空见惯的议论置若罔闻；但现在，他觉得这就是职场真理。

你工作再拼命，领导不重用你，就是费力不讨好。

你工作再努力，公司不想给你加薪，你就是一个不值钱的员工。

想开了，他平衡了，在工作上能偷懒就偷懒，能推托就推托，能少干一点绝不多干，能明天做的工作今天再闲也不干。

这样工作一段时间后，他感觉工作乏味无比。

有一次，他因工作关系去客户的公司谈业务。

这是一家私企，严格地说，是一个家族公司，只有10多个人，一半的员工是老板的亲戚。他去时，还有一分钟就下班了。老板在外出差，员工办公室只剩下一个年轻的小伙子。

简单交谈后，他得知，这个小伙子比他参加工作还早，但工资不到他的一半。他忍不住问：“你们公司的加班费是不是很高？”

年轻人平和地说：“没有加班费，我每天都会强迫自己加班两个小时。一个小时用来学习相关的业务知识，半个小时用来总结一天的工作和制订第二天的计划，半个小时用来做一天中没有完成的工作。”

他吃惊地问：“你工资这么低，何必给公司卖命？”

年轻人说：“我工资少，但并不代表我的价值低。我要利用好这个平台，利用好基层的磨炼，让自己的能力得到提升。”

“关键是你这样努力，老板能看得到吗？”他不解地问。

“能力是我的，我非让老板看干什么？我凭借能力给公司赚钱越多，我的能力越强。公司可以拿走我的钱，但我的能力，他们拿不走。”

那天，他们聊了很久，并成了朋友。

年轻人说：“我从不把自己当成低薪员工，不管公司给我开多少薪水，都影响不了我努力工作。我坚信，我今天拿的工资体现不了我的价值。我的价值是无法用数字计算的，而是要用自身的影响力计算的。所以，为了证明自己的价值，我唯有用努力不断地开发自己身上的价值。”

那天的谈话，对他的触动非常大。回家后，他调整好心态，踏踏实实地工作，后来他不但如愿地拿到了心里想要的成长、金钱、荣耀、友情、家庭……，还体验到了努力过程中的那份“爽”。

那份“爽”就是，他在工作中不时地发现自己身上的闪光点：沟通能力、规划能力、预见能力等。

5年后，他从办公室文员升到国企管理人员，后来辞职创业。又过了5年，他创办的企业上市。而他的那位年轻朋友，和他一样，拥有了自己的企业。

调查显示：成功的人，其实只开发了自己身上1/3的潜能。由此来看，我们普通人的潜能开发得很少，难怪会与成功失之交臂。

每个人就像一座宝藏，只有不断地深挖，才能体现自己的价值。所以，不管你现在处于什么样的环境，要想让自己有出头之日，就必须先让自己升值。你要时刻记住：我们做过的每件吃力不讨好的事，每件赤手空拳迎难而上的事，终究会成为你抵抗下一次磨难的资本。

这些资本在累积到一定程度时，你的身价会像股票中的潜力股一样，一路上涨。这时你会发现，你的工资只是引导你发现自己潜力的一个诱饵而已。

明白了这个道理，当你感到辛苦、疲惫时，就会咬咬牙、坚持一下，告诉自己：“我此时的付出，会为以后积累经验、形成潜能、打下基础。每个人的价值是建立在不断发掘自己潜能的基础之上的。”

逼自己到绝境，成为无可替代的人

我们师董会的一位企业家向我诉苦：“胡总，我公司品牌策划部的经理要到国外学习半年，我真是发愁啊。”

我奇怪地问：“这有什么好发愁的，你重新提拔一个代理经理，公司若没合适的，可以从外部招聘。”

他摇摇头说：“优秀人才虽然很多，但是合适的难找啊！我半年前就在寻觅替代他的人，但就是找不到。”

我恍然大悟：“你的这个经理，看来已经是那个无可替代的人了。”

我们经常听到人们说这样一句话：“地球离开谁都会正常运转的。”这句话道出了一个生活真相：不要高估自己，你其实并没有那么重要。有人称“职场竞争如战场战争”，稍不留神你就会被取而代之。

在电影《穿普拉达的女王》中，那个总裁的女助理自从参加工作后，对工作尽心尽责，几乎全年无休息。后来，她由于生病，不得不请假住院。但就在她住院期间，其职位就被一个刚毕业的大学生取代了。

影片中，那个大学生为了谋得这份职业，确实也付出了很多努力。但不管怎么说，职场竞争是残酷的。由此来看，你能否让自己立足职场，只埋头勤奋工作是远远不够的。因为勤奋工作是对一个员工的基本要求，也是一个员工的基本素养，一般人都能够做到。

一般人能够做的工作，自然是可以任人替代的。然而，在职场上，有一种员工优秀到无可替代。也就是说，公司离开了他们真的不行。

所以，我们要想让自己的价值高到无人取代的程度，就必须逼自己去努力。

前几年，有位“80后”学员在听了我的课后，特意找到我，感激地说：“胡总，谢谢您！听了您的课，我知道该怎么做了。”

原来，他现在在一家外企工作，因为专业不对口，加上没有工作经验，他每天都担心自己被解雇。

他说：“每次我听到公司人事部的同事要招聘新人，我就赶紧去问他们招的是哪个部门的员工，当我听说不是自己的部门时，才会长舒一口气。”

为了保住这个职位，他有事也不敢请假，小心翼翼地讨好领导、同事，每天下班后主动加班，还早去半个小时，给领导和同事泡好茶。尽管他处处小心，还是经常被领导训话，同事也看不起他。

一次，他兴奋地说：“职场不相信眼泪，没有实力的打拼，最终会败得一塌涂地。我要逼一逼自己，让自己成为无可替代的人。”

我鼓励他说：“加油，人生没有绝境，只有不肯拼搏的人。无论遇到什么，都要相信自己一定能行。”

接下来的日子，他偶尔会给我发一个信息，或在QQ、微信上留言，告诉我他近些日子在学什么，或加班帮助客户办事情，也会提到他因为工作出色，老板对他的嘉奖。

2017年，再次出现在我课堂上的他，已经是外企某区域的经理了。

职场是很现实的，说它嫌贫爱富一点儿也不为过，你没有价值或不能创造价值，被淘汰是迟早的事情。懂得了这些道理，你就要努力拼搏，必要时可以“逼自己一把”，这样会激发你的潜能，让你收获意想不到的成功。

君不见世上成功者，哪一位不是在苦海中熬过后成长起来的？他们于苦海中挣扎，于煎熬中开发自己身上的宝库，最终发现自己原来是世界上独一无二的、无可替代的自己。

为什么那些优秀企业中的领导者，哪怕人不在公司，他的位置依然空着？就是因为他们已经做到了无可替代的程度。

人在职场，要想活出自己的风采，就必须让自己成为无可替代的那个人。特别是对年轻的我们来说，一定要在年轻时拼搏，即使在恶劣环境中就业、创业，也要靠异于常人的坚韧打拼下来。

“经营之圣”稻盛和夫认为：逼自己进入“绝境”，除了激发力量，在心灵上，还有更重大的意义……

在“把自己逼入绝境”这个话题中，所谓“逼”，就是“让自己全身心投入”之意，心无旁骛地专注于一事一物，是一种精神与意识高度集中的状态，这种状态会让人在拼搏中受益无穷。

那么我们怎么做，才不会因为一次休假，或一次任性，而让别人取代自己呢？很简单，那就是做无可替代的人。而让自己变得无可替代，无非两种方法，如图 2-1 所示。

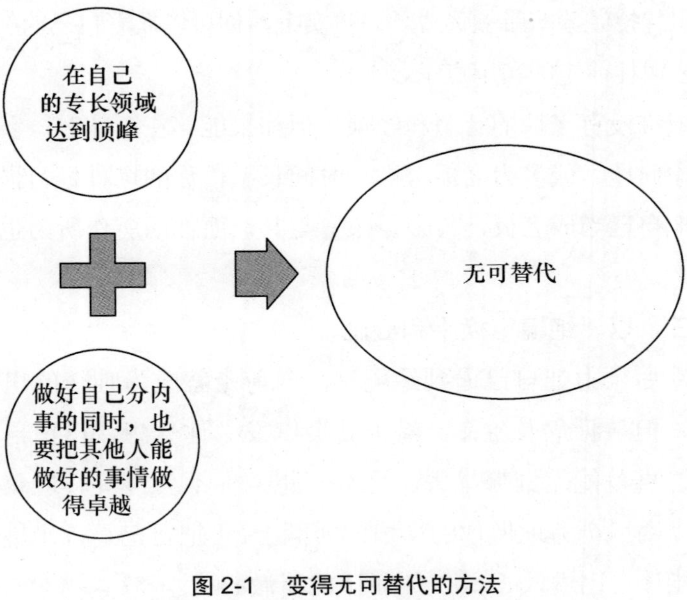

图 2-1　变得无可替代的方法

如果你在工作中这样做了，那么你就成了无法被他人替代的人。但对刚入职场的我们来说，因为没有专长、工作经验，如何能在短时间内变得无可替代呢？有以下几点建议。

建议一，永远不要停止学习

有句话叫“活到老，学到老”。特别是在现在这个时代，一天不学习就会落伍。我们不管处于什么位置，都要保持学习的习惯。当我们工作3～5年时，会有一个“瓶颈”阶段。这个阶段的我们虽然拥有一定的资历与经验，工作也得心应手，但上面有比自己资深的前辈压着，身边有随时想超越你的同辈，这时，我们唯有不断地学习，才能与时俱进。

建议二，善于站在老板的角度考虑问题

在任何一家公司，员工之所以是无可替代的，是因为他无论做什么事情，都会站在老板的角度考虑问题。一个只知道“做好分内工作”的员工，最终会被淘汰。因为在这个竞争激烈的时代，有许多比你更积极的人，他们永远比老板要求的做得多。你必须超越上司对你的期待，让他对你产生惊喜。别只等着上司传授经验、带领你成长。事实上，你可以靠着自己的努力，提出能够推动公司往前走的实用点子。

我们或许没有老板的智慧和经验，但如果能够在工作时，多站在老板的角度考虑问题，或多为老板考虑，时间长了，你的这种好习惯会让你在潜意识里把自己当成老板，与公司荣辱与共，而你的所作所为也会被老板欣赏。

建议三，以“绝境”换平和心境

当你竭尽全力把自己逼到绝境时，向前走就成为唯一的出路。人虽然有惰性，但一旦危及生命，潜力就会爆发。你会想，反正自己已经一无所有了，再差能差到哪里去。这么一想，你不会再有心理负担，而是一心一意、竭尽全力地做你的事情。实际上，“把自己逼入绝境”是一种手段，它能让自己进入“安心立命”的清澈心境。

建议四，随时拓展人际资源并懂得维系

别以为只有某些工作的负责人需要人际交往。实际上，不管我们处在什么位置，人际关系都会带给你很多意想不到的益处。拓展人际资源，处处是机会。建立人际关系不难，重点在于维系。建议至少一年一次，与联络簿中好友名单上的每个人聊一下近况，保持彼此的关系，让对方一听到你的名字就能记起你。

建议五，培养自己的领导情商

当你是员工时，你要做的是力求个人表现符合领导的要求；当你把自己打造成一个拥有领导情商的人时，你的价值就不只是来自个人的成绩，而是来自整个团队每个成员的表现。你必须了解部门中每个员工的特质，发挥他们的潜能，帮助他们避免犯同样的错。所以，你要知人善用，带动整个部门的整体成绩，进而成为公司的重要竞争力。

建议六，开拓自己的视野与国际观

眼界决定境界，一个人的眼光越高远，其视野越开阔。平时多结交来自全球各国的朋友，开拓自己的视野。这样，当你踏入职场，也许起步会比别人晚一点，但开阔的心胸与全球的视野，会让你比别人进步得更快，也拥有更多机会；而途中的各种经历与美好风景，都会成为你冲刺的丰沛能量。

最后我要提醒的是，只有当你成为一个有价值的人，并且你的工作方法难以复制，你才具有了不可替代性，你也才会拥有不被轻易取代的安全感。

做事先做人

我在讲课时，经常向学员提到两个字——厚道，并对他们说：“做事先做人，你把自己做好了，做事情也就顺了。在职场上和创业时更是如此。”

一次，一个学员问我：“胡总，创业者其实就是商人，自古商人重利轻义。您怎么会要求商人重义呢？”

我笑着说：“的确，创业者开办企业或公司，是要追求经济效益的。有句话说：君子爱财，取之有道。如果一个人为了谋得利益而失德，那么就会断了财路。”

我看到这个学员对此有点儿怀疑，我说：“我举一个例子，假如你刚毕业正在找工作，如果我请你来我们公司，你来吗？”

他想也不想，就回答：“当然来啦。”

我问他：“为什么回答得这么痛快？”

他痛快地说：“因为我了解您的为人呀，您不会亏待……”说到这里，他停住了，抬眼看着我，不好意思地说：“胡总，我明白您的意思了。”

在我们师董会，有很多白手起家的企业家，至今已经有上亿元资产了。我分析过他们的成功之道，就两个字：厚道。他们不管是在职场上打拼，还是与人合伙创业，他们为人处世都以厚道为本。

所以，我认为一个人的身价，与他的人品有很大的关系。“人品决定财富”这句话还是有一定道理的。因为一个人的品行和德行，从外在表现的形式反映了那个人的内涵。

道德可以弥补智慧上的缺陷，但智慧永远弥补不了道德上的缺陷。

人的两种力量最有魅力，即人格的力量和思想的力量。

其实，越是知名大企业，越是优秀的企业领导人，对员工在人品上的要求越严格。在国外著名的大企业中，这种美德被称为“蝴蝶效应”，指的是在一个动力系统中，初始条件下微小的变化能带动整个系统产生长期的、巨大的连锁反应。对这个效应最常见的阐述是“一只蝴蝶在巴西轻拍翅膀，可以导致一个月后的得克萨斯州刮起一场龙卷风”。

美国福特公司是全世界家喻户晓的知名汽车公司，它不仅使美国汽车产业在世界上独占鳌头，还改变了整个美国的国民经济状况。然而，谁又能想到该奇迹的创造者福特，在大学毕业后进入公司的“敲门砖”竟是“捡废纸”呢？

刚走出大学校门的福特到一家汽车公司应聘，一起参加应聘的几个人的学历都比他高，福特面试成功的概率很小。当福特敲门走进董事长办公室的时候，他发现地上有一团纸，便很自然地弯腰把它捡了起来，然后扔进了垃圾篓。

福特在准备自我介绍的时候，董事长就发出了邀请：“很好，福特先生，你很棒，你已经被我们录用了。”

后来，福特才知道他被快速录用的原因，竟是源于他那个不经意的举动。事实证明，福特的表现也并没有让董事长失望，他甚至最终将公司改名，从而让福特汽车闻名于全世界。

福特的成功看上去很偶然，但实际上是必然的，他下意识的动作是习惯、品质和修养的体现，而这种习惯的养成源于其积极的态度，正如心理学家威廉·詹姆士所说：“播下一个行动，你将收获一种习惯；播下一种习惯，你将收获一种性格；播下一种性格，你将收获一种命运。”

在一个人的人生历程中，美德有可能影响一生：一个灿烂的微笑，一个习惯性的动作，一种积极的态度和真诚的服务，都可以产生意想不到的辉煌或成功，它能带来的远远不止是一点点的喜悦和表面上的报酬。

个人的可持续发展观就是合作共赢。小胜靠智，大胜靠德，厚积薄发，气势如虹。追逐利润，是常人所为；分享利润，才是高人所为。人生百年，不可享尽世间所有荣华；惠及百人，却能够得到人间更多真爱。

做事先做人，做人应该修炼哪些品德呢？不妨看看表 2-1。

表 2-1　做人要修炼的品德

品德	内容
厚德	•《周易》说："厚德载物。" • 德，是责任、品行和操守。厚德者，能包容担当，让人乐于托付与合作。相反，无德之人，你敢放心和他合作吗
善良	•《道德经》说："上善若水，水善利万物而不争。" • 善良是惠及他人，而又不逾矩。学会善良，抱着共赢互惠的态度与人合作，是企业家互利发展的基础。"不争"并不是委曲求全，而是遵守公平精神，不谋求不属于自己的利益
守信	•《论语》说："人而无信，不知其可也。" • 一个连"信"都没有的人，不知道他还可以干什么。孔子把"信"分为 3 个层次：信仰——坚守的目标和理想；信任——背负的期待和责任；信用——恪守的承诺和约定。所以，看一个人到底可不可"信"，不能只看契约精神，还要看他有没有信仰操守、有没有信义担当
宽容	• 常言道："有容乃大。" • 人要有一颗宽容之心，要能容天下难容之事。我们要学会宽容地看待与自己看法不同的人，包括与自己有矛盾的人，多看别人的优点和长处，宽容别人的不足之处，一分为二地看待别人。人无完人，有胸怀包容别人，才能团结力量，甚至化敌为友
诚实	• 诚实是立身之本，诚实是一种美德。人之无诚，不可为交。"欲当大任，须是笃实。" • 做人只有实实在在、老老实实，才能赢得别人的尊重，才能在社会上站稳脚跟。我们对待工作也一样，不管是汇报工作，还是反映问题，都要实事求是，绝不可弄虚作假、失信于人

续表

品德	内容
谦虚	• 谦虚是好人品的一个重要组成部分。“谦受益，满招损。”无论什么时候都把自己看低一些，总是好事，一方面有利于自己的进步，另一方面有利于与人相处 • 古人云：“无论做何等人，总不可有势利气；无论习何等业，总不可有粗浮心。”做任何事情，不要总认为自己贤能、不可或缺，这样不好，容易让人讨厌。谦恭之人，人皆爱之
正直	• 一个人不一定能成为一个伟大的人，但完全可以成为一个正直的人。正直之人，首先要做到凭良心办事。清人王永彬有云：“求个良心管我，留些余地做人。”此话说的就是这个道理 • 做事都能从良心出发，那绝对是一个高尚的人、正直的人。人还要有正确的是非观念，遇到问题要有自己的见解。要坚持真理，不能因为关系好而把错说成对，也不能因关系不好而把对说成错
恒心	• 人贵有恒。做任何事情要有决心、恒心和耐心，要有执着追求的精神，这是成就事业的关键。否则，将一事无成 • “滴水穿石，铁棒磨针。”在日常的工作中，只要是认准的事，就应该千方百计地把它完成、把它干好，奋力追求成功的乐趣。这种恒心和勇气，就是执着追求的具体体现

想"赚钱"，先赚"能力"

"我工作一年多了，公司还没有给我涨过工资，真不知道怎么向领导申请涨工资。"

"我不喜欢目前这份工作的原因，就是工资太少。"

"我下次换工作，一定要找比现在工资高一倍的工作。"

"老板嫌我们工作不积极，这能怪我们吗？他每月给我们 3000 元，我们不可能干 10000 元的活儿吧。"

……

在我们周围，这种抱怨的声音不绝于耳。乍一听，你会觉得他们很委屈，但是细想一下，你就会发现，令他们纠结的根源就是钱少。好像只要给他们的钱多了，他们就会好好工作了。

高薪带给人的快乐是短暂的。只有真正热爱自己的工作，在工作中不断成长，你才能收获持续的快乐。当你视工作为乐趣时，你会变得更加积极，你的发展空间会更大，你的价值也会随之增长。

遗憾的是，很多人不明白这个道理。他们行走职场，眼睛就盯着"钱"看，一旦对"薪水"不满意，立刻消极怠工，对工作也不负责任。久而久之，工作能力下降，薪水自然也会减少。

工作固然是为了生计，但比生计更重要的是能力的提升。如果一个人工作只是为了盲目赚钱，那么他永远无法成为有价值的人。

盛夏的一天，一群人正在铁路的路基上工作。这时，一列缓缓开来的火车打断了他们的工作。火车停了下来，一节特制的并且带有空调的车厢的窗户打开了，一个低沉的、友好的声音传出来："大卫，是你吗？"

大卫·安德森——这群工人的主管回答说："是我，吉姆，见到你真高兴！"于是，大卫·安德森和铁路公司的总裁吉姆·墨菲，进行了愉快的交谈。在长达一个多小时的交谈之后，两人热情地握手道别。

大卫·安德森的同事立刻围住了他，他们对他是墨菲铁路公司总裁的朋友这一点感到非常震惊。大卫解释说，20多年以前他和吉姆·墨菲是在同一天开始为这条铁路工作的。其中一个同事半认真半开玩笑地问大卫："为什么你现在仍在骄阳下工作，而吉姆·墨菲成了总裁？"大卫无限惆怅地回答说："20多年前我为1小时1.75美元的薪水工作，而吉姆·墨菲是为这条铁路工作。"

这就是不积极工作，只盲目"赚钱"的结果。好多年前，我在看这个故事时，非常震撼。虽然我本人一直不是一个为"钱"工作的人。但这个故事更让我坚定了我的想法：**我们一定要在年轻时做有价值的事情，只有做有价值的事情，我们才能够成为有价值的人**。

我在讲课时，经常对那些刚工作的年轻学员说，找工作不要过分考虑薪水的多少，要看重工作本身带来的机会，如自己能力的提升、社会经验的增加等。与你在工作中获得的技能和经验相比，微薄的工资就显得微不足道了。老板支付给你的是金钱，你可以赋予自己的是令你受益终生的无价之宝——赚钱的能力。

师董会有一位企业家在回顾自己的成功之路时感慨万千。10年前，他在一家投资公司的月薪只有5000元左右，后来一下子涨到了年薪六位数，10年后他成了这家百货公司的合伙人。而让他成为合伙人的原因，竟然就是他爱自己的工作，平时工作积极主动。每当工作遇到挑战时，他的第一反应就是冷静应对。为了把工作做好，他熬夜加班、主动学习，积极参与高难度的工作。

原来，他刚到公司的时候，和公司签订了3年的劳动合同，约定这3年内薪水保持不变。他暗下决心："我不能满足每月5000元的薪水，更不能因此不思进取。我一定要让老板知道，我绝不比公司中的任何一个人逊色，我要成为公司里最有价值的人。"

他的工作态度很快引起了周围人的注意。一年以后，他已经如鱼得水、游刃有余，以至于另一家公司愿意以月薪20000元聘用他。但他并没有向老板提及此事，即使在3年的期限结束之前，他甚至从未向老板暗示过要终止合同。也许很多人会说，不接受如此优厚的条件实在是太愚蠢了。

但是，在3年的合同到期之后，他所在的公司给予了他每月60000元的高薪；5年后，他的年薪达到百万元；10年后，他成了该公司的合伙人。老板很清楚，这3年来他所付出的劳动要比他领的薪水高出数倍，给他60000元的月薪是理所当然的。

假如这位企业家当时对自己说："既然我每月只领5000元，何必考虑业绩呢？"如果那样，恐怕他就无法成为公司的合伙人了。

成功的机会属于积极主动的人，正如大仲马所说："谁若是有一刹那的胆怯，也许就放走了幸运在这一刹那间对他伸出来的香饵。"所以每个积极主动的人运气都不会太差。

那么，我们如何在工作中做到积极主动、聚焦价值呢？

第一，拓展视野，延展思维

想成就事业，先要拓展视野。

如果你只关注本职岗位的工作，你永远不可能走出这个岗位。**站在领导者的角度换位思考，主动为上司"分忧解难"，才能为上司创造价值。你看到的越多，想到的越多，才能做到的越多，得到的越多。**

小刘和小赵同时应聘成为保安。

小刘每天兢兢业业，到点巡逻，按时上下班，待人热情客气，见到谁都主动打招呼。

小赵则是在按时上下班的同时，观察保安巡逻路线的死角，向公司提出建议，并组织安装监控、自动报警、指纹扫描器等设备，同时自我学习，并培训其他保安使用这些设备。

3 年后，公司上市了，需要建立安全部门。请问，如果你是领导，你会选择谁担任安全主管？

第二，寻找方法，提高效率

精益管理，就是对工作标准、工作流程的不断锤炼和优化。把低效变高效，把劣质变优质，把无序变有序，不断总结和推动可以进步的地方。

公司招聘了两位销售主管。

第一位销售主管每天都战斗在一线，不停地打电话联系业务，同时监督和催促销售人员跑业务、考核业绩，一天恨不得工作 20 个小时，连睡觉都睡在公司。然而除了他自己业绩优秀外，部门其他员工来去如流水，总体业绩迟迟得不到提升。

第二位销售主管首先深入学习产品卖点，撰写了一套产品推销语录手册，培训员工熟读活用。之后分配岗位，设置了专门的信息采集员、电话员、客户反馈管理员，大家各司其职、协同作战。两个月后，部门业绩飞速上升，人员扩编后的新兵也很快进入角色，而主管本人把精力放在了研究市场上，提交了产品改进建议和产品销售捆绑套餐建议以及促销活动的策划，为公司产品的销售提出了很多宝贵意见。

请问，在你看来，哪位主管更加优秀？

第三，把握标准，结果定义

工作有好坏标准，有快慢标准，有含金量标准。做工作必须学会根据具体需求，以最匹配的标准，做最有价值的事情。盲目求快而忽视质量，盲目追求完美而耽误进度，都是公司的损失。越符合标准的工作越能创造价值。

“9·11”事件后，两位记者同时写一篇新闻稿子。

第一位记者冲到现场观察、拍照，根据粗略估算的遇难人数和损失，开始写稿子，不到5分钟，就写完提交了。

第二位记者为了追求完美，写稿时仔细斟酌字句，多次修改，一直等到大楼工作人员出来得到权威数字后，才开始动笔。

一个老板想投资一个项目，派遣了两名人员去做调查。

第一位工作人员，将项目方提供的信息资料用最快的速度拿了回来，并以此为准进行估算，不到两天时间就提交了调查结果。

第二位工作人员用了一周的时间，仔细地通过第三方渠道，调查了项目方的行业平均状况、项目方的团队人员资历背景、项目本身的市场规模、同类项目的竞争状况，根据第三方信息，单独编写了调查结果，并将第三方调查结果与项目方提供的资料一起交给了老板。

请问，在以上两个事例中，谁的工作更有价值？

第四，勇于承担，积极应变

只有学习和理解企业流程与工作模式，当出现计划外或领导未指示的事物时，才能积极应变、科学处理。

在企业中，一些低概率的突发事件，常常缺乏对应的专业处理人员。这时，往往需要一些“救火队长”承担责任、解决问题。然而，对大多数人来说，“救火队长”的角色是不讨好人的，因为其既不是自己的职责，又不见得拥有匹配的知识和技能。本着多一事不如少一事的想法，凡是“三不管”的工作，大多数人是用“踢皮球”的心态互相推诿的。但总有一些人，在企业面对问题和困难时，哪怕不是本职，哪怕未必专业，也会勇敢地站出来，尽自己所能，解企业之危。而真正的企业“英雄”，往往都是在“救火队长”中诞生的。

“救火队长”具备了常人不具备的两点价值：

价值一，强烈的责任感以及承担后果的勇气——没有责任感的员工，只不过是办公室里没有灵魂的设备；

价值二，快速成长的应变能力——长期的磨砺，能让其思维更清晰、解决问题的技巧更成熟，最终使其成为一个能独当一面的高手。

第五，自我升值

人的价值有很多，如你的品德信誉、工作能力、智慧经验、人际关系、资源网络等都是你在工资之外可以获得的回报。而这些回报，可以帮助你创业，或者拿到更多的工资。

两名美院的毕业生，毕业后在同一家广告公司做美工。

第一名毕业生平时按照客户要求完成工作，工作之余打游戏、泡吧、旅游……3 年时间过得无比舒爽。

第二名毕业生一边工作，一边与客户交流想法，分析不同行业的广告特色和侧重点，经常帮客户出主意、提建议；同时努力学习计算机技术和传媒学知识，建立了创意群，通过微信将自己的灵感分享给客户朋友。3 年后，他掌握了广告创意的精髓、传媒选择的规律，结识了一大批客户朋友，创立了自己的广告公司。

工作给你带来的价值远远不止工资，你不去拾取价值，价值永远不属于你。

像牛一样踏实，像狼一样主动

无论是创业还是就业，在工作上像牛一样踏实地埋头工作，绝非坏事。不踏实，浮躁冒进，只能像盲人骑马、如临深渊，随时会摔得万劫不复。

但是，没有“牛劲”不行，光有“牛劲”也不行。牛最被人瞧不起的地方就是一切逆来顺受，缺乏积极主动。这一点，要向狼学习。狼有狠劲，有韧劲，有不达目的不罢休的搏命精神。

牛行千里吃草，狼行千里吃肉。做工作，要能耐得住寂寞、咽得下草、挤得出奶；管理企业，要有敏锐的嗅觉、出击的勇气、警惕的智慧和不咬死猎物不罢休的狠劲。

企业家是牛和狼的“混合体”，该当牛的时候要低得下去，该当狼的时候要狠得起来。我认为要想让自己在事业上做出一番成就，只凭踏实的工作是不够的，必须要主动，因为所有机会都蕴含在主动中。当你主动做一件事情时，就像马太效应，那些幸运和好事会接踵而来。我今天能够做自己喜欢的企业，并且做得还算不错，就是因为我的主动。

早在1992年，我作为浙江大学的优秀毕业生，是有资格被学校推荐到国家教委从事公务员工作的。但是考虑到我的性格爱好和收入，我更愿意跟人打交道，更愿意从事企业方面的工作，于是主动放弃了去教委工作。

“有做公务员的机会，这是多少人梦寐以求的事情啊！”起初，很多朋友包括我的母亲都替我高兴。后来，当他们得知我放弃后感到非常惋惜，有些朋友还专门跑来劝我，但都没有改变我去企业的决心。

进入企业后，虽然我没有从事喜欢的营销工作，但我依然是一边像牛一样踏踏实实地工作，一边主动地做部门里别人不愿意做的工作。一段时间后，由于工作出色，我被调到了营销部门。

我明白，能够在短时间内从事自己喜欢的销售工作，得益于我在工作中的主动作风。主动工作，让我在分担领导、同事工作的同时，大大提高了自身的工作能力。

在杉杉集团担任总裁的时候，我开始带动企业从服装向新能源锂电池转型。在这个过程中，很多人不支持、不理解、不配合。那时，我拿出了狼的狠劲，咬定青山不放松，磨烂嘴、跑断腿，一门心思要把事情做成。最终，我把杉杉做成全世界最大的锂电池材料供应商之一。

现在我与朋友重提往事的时候，朋友都说我当年的选择是正确的。我的性格适合在企业工作，虽然在企业工作时遇到了很多困难，但是我乐此不疲，包括在录制节目时，我也喜欢把自己的经验、得失与大家分享。

一个人要想不断升值，就要不断地提升工作能力。而工作能力的提升除了学习外，还要主动做事情，因为实践是最好的学习。在工作中克服困难，是我们能力提升最快的方法。

我有一个学员，两年前听我的课时，他刚大学毕业，在一家公司实习。他在提问环节向我抱怨："胡总，我毕业于名牌大学，大三期间就兼职做过与专业类似的工作。进入公司后，我很不喜欢公司提供的入职培训，感到既浪费时间，又浪费精力，真是多此一举。"

我对他说："公司既然提供入职培训，对员工来说就非常重要。"接着，我把培训的重要性画成了一张图，如图 2-2 所示。

我接着说："我认为最重要的是第二点，当你清楚了自己的位置后，你会为自己规划职业目标。有了目标，你在工作中会变得更加主动。"

他听后有点儿吃惊地问："胡总，真想不到企业培训有这么重要的意义，看来我真要好好学习了。"

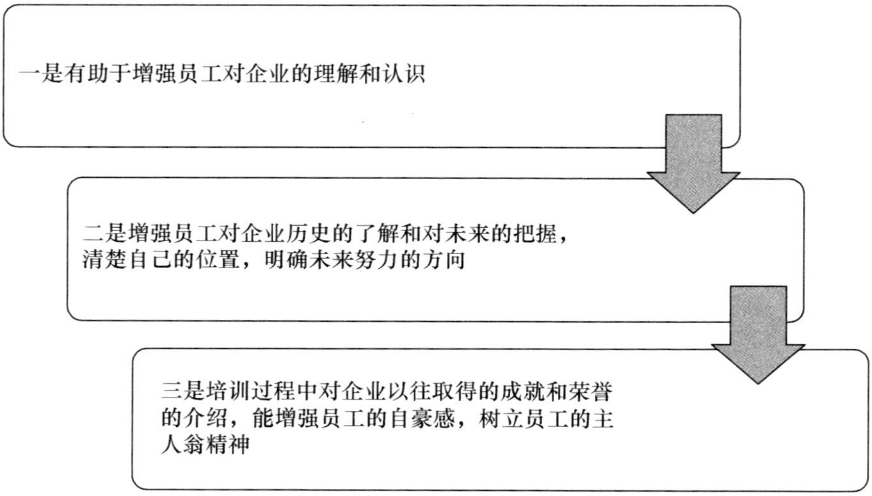

图 2-2　入职培训的重要性

很多新员工认为自己是名牌学校毕业的、专业知识过硬，步入职场后“终身学习”的理念淡薄了；还有一些老员工凭借自己在熟悉的环境中多年工作经验的积累，就不再学习，对工作更是不再主动，有时甚至敷衍了事。

这种意识的分化在新员工入职培训时就体现出来：有的人对培训课程只求及格通过从而顺利转正；但有的人能在培训之余和前辈积极探讨，对于某些关键知识及时学习。差距就这样一天天地拉开了。

一个人的成就感是促进他进步的最大动力。成就感源于对自己所做事情的认可和重视，以及对工作中困难的攻克。你只有学会主动工作，才会重视工作，并且愿意花费心思投入工作。有了主动精神，你才会为职场中的项目取得的成功感到欢欣雀跃，从而激发更大的工作热情。

齐瓦勃曾经被卡内基任命为钢铁公司的董事长，后来自己建立了大型的伯利恒钢铁公司，并创下了非凡业绩。这样一位成功的企业家，曾经也是一个打工者。

齐瓦勃出生在美国乡村，因为家里太穷，他只受过短暂的教育。15岁那年，为了生计，他到一个山村做了马夫。但雄心勃勃的齐瓦勃无时无刻不在寻找发展的机遇。

机会终于来了，18岁那年，齐瓦勃来到钢铁大王卡内基所属的一个建筑工地打工。一踏进建筑工地，齐瓦勃就对自己说："我要用这份工作改变我的命运。"为了这个信念，他在工作中变得十分主动。当其他人抱怨工作辛苦、薪水低而怠工时，齐瓦勃却默默地积累着工作经验，并自学了建筑方面的知识。

一天晚上，同伴聚在一起闲聊，唯独齐瓦勃躲在角落里看书。那天恰巧公司经理到工地检查工作，经理看了看齐瓦勃手中的书，又翻看了他的笔记本，什么也没说就走了。

第二天，公司经理把齐瓦勃叫到办公室，问："你学那些东西干什么？"

齐瓦勃说："我想我们公司并不缺少打工者，缺少的是既有工作经验又有专业知识的技术人员或管理者，对吗？"经理点了点头。

没过不久，齐瓦勃由于工作出色升任技师。与齐瓦勃一起打工的工友挖苦他："你每天那么积极地为老板工作，在休息时间还学习，也不过是一名技师，赚的钱并不比我们多多少。"

他回答："我不光是在为老板打工，更不单纯为了赚钱，我是在为自己的梦想打工，为自己的远大前途打工。我要使自己的工作所产生的价值远远超过所得的薪水，只有这样我才能得到重用，才能获得机遇！"

抱着这样的信念，齐瓦勃积极主动地工作着，一步步升到了总工程师的职位。25岁那年，齐瓦勃成了这家建筑公司的总经理。

齐瓦勃之所以成功，得益于他想"使自己的工作所产生的价值远远超过所得的薪水"的信念。在这个信念的支持下，他不仅做到了踏实工作，而且积极主动。他的价值也在努力工作中得以提升，并最终使他成了人生赢家。

这就是主动工作的好处。当没有人监督你、要求你、强迫你时，你却能自觉工作，并且能够出色地做好自己的事情。其实成功者聪明就聪明在什么事情都是自己主动争取，并且要为自己的行为负责。没有人能保证你成功，只有你自己；也没有人能阻挠你成功，只有你自己。

只有你想做，并且积极主动、不断提升个人的能力，既会做人又会做事，领导才会乐意给你更多的指导，这样才会有更多的机会降临到你身上。

主动性带给我的好处：即便晚睡，我也会早起，而且我一旦工作就全力以赴。这让我在工作中收获了一个又一个成就，遇到了一个又一个机会。

现在流行一句话："你永远无法叫醒一个装睡的人。"同样，在职场中，你永远无法点拨一个不愿意成长的员工。一个人，唯有积极主动、用心地工作，才能不断提升个人的工作能力。这是成为优秀职场人士必备的条件。

在河边，一头狼要带好几头小狼过河，以我们粗浅的经验，它一定会一头一头地把小狼叼过去，但事实并非如此。老狼怕自己的子女受伤害，它会咬死一只动物，把动物的胃吹足气，做成一只鼓鼓的皮筏，借着这个皮筏，全家渡河。

在动物界，狼是一种非常聪明的动物，如果让单只狗与单只狼搏斗，败北的肯定是狗，为什么呢？有人曾就这个问题仔细地将狼与狗进行了对比研究。结果发现，经过人类长期饲养的狗，因为不需要面临生存危机，其脑容量明显小于狼；而生长在野外的狼，为了生存，它们的大脑被不断地开发，不但具有极强的创造性，而且有异乎寻常的生存智慧。

动物如此，人类又何尝不是这样？一个人要想在异常激烈的社会竞争中不被淘汰，还是要有一点生存危机，这样，我们就可以未雨绸缪、主动出击，多一点生存的技能与智慧。那么，我们怎样才能让自己在工作中变得既主动又踏实呢？

表 2-2 是我总结的一些方法，大家不妨试一试。

表 2-2　让自己变得既主动又踏实的方法

方法	内容
摆正工作心态	• 拥有“为自己而工作”的心态，明白公司只是给你提供了一个实现自我价值的平台。只有这样，你才能心平气和地将手中的事情做好，获得丰厚的物质报酬，赢得社会的尊重，实现自身的价值
掌握工作知识	• 落实工作的基础是必须熟悉公司的一切。特别是刚入职的员工，一定要知道公司的目标、使命、组织结构、销售方式、经营方针、工作作风等。主动了解企业，有助于以后在工作中发挥自己的作用
学会工作思维	• 养成独立的人格，学会思考，每天分析工作的好坏，体会工作的得失。当你找出工作中存在的差距，想方设法弥补工作的缺失时，你就获得了成长
改善工作方法	• 世界上不存在完美的人，或许你的老板或同事的某种处事方式效率不高，但他本人不知道。当你有好的意见或建议时，就要主动提出来
承担工作责任	• 每个人做事情难免出错，如果自己真的做错了，应该勇于承担责任，敢于为自己的行为、错误负责；学会主动，不要等别人来提醒自己。对待工作要有一种责任感，没有责任感的员工不是好员工；要把责任当成一种生活态度，主动承担责任是每名员工应该做到的事情
磨炼工作技能	• 在有效完成自己的工作时，应当不停地总结、反思，多学习，提升自己各方面的技能
拓展工作视野	• 优秀员工表现出来的主动性，不仅仅体现在能坚持自己的想法，而且体现在能主动承担工作以外的责任
克服工作障碍	• 遇到困难时，大部分人的应对措施是抱怨和逃避。殊不知，这样会让你更不喜欢工作。所以，在工作中只有养成迎难而上的好习惯，才能在遇到困难时不退缩，勇于克服困难，在困难中吸取经验。当你克服了困难后，你会有一种成就感，同时你的工作能力也会因此提升

主动出击！绝不当“吃瓜群众”

“吃瓜群众”是一个网络用语，主要指一些不爱发言、喜欢围观的人。目前，社会上这样的人很多。但是，在职场上千万不要做这种“吃瓜群众”。一旦你在职场做了“吃瓜群众”，即使你的工作能力很强，也会显得非常被动。

我在工作中经常会遇到一些初入职场的大学生，特别是工科毕业的大学生、研究生。他们有着较强的专业能力，但因为性格内向、腼腆，与人打交道的能力相对来说比较弱。他们在工作中显得不积极，总是指望别人主动开口帮助他们；即便在工作上遇到困难，也不好意思向同事开口请教，只等着别人找他们商量。可是每个人都有自己的事情要做，谁也没有闲心揣测你的意图；你不问，自然没有人主动找你或帮你解决问题。

一次，我问一个刚入职、工作很卖力的年轻人：“以你的能力，这些事情你应该早就做完了，为什么不主动找部门负责人要新任务呢？”

他沉默了半天，低声说：“我不愿意主动与人打招呼，觉得与人打招呼是一件很丢人的事。”

我语重心长地说：“万事开头难，你只要鼓足勇气迈出第一步，哪怕以后遇到了困难，你都会自己想办法、主动找人解决。工作也是同样的道理，只有勇于承认并改正自己的弱点，敢于展现自己的优势，多向人请教，你才能在工作中不断进步、成长。”

工作是我们生活中重要的一部分，它占据了我们生命中三分之一甚至一半以上的时间。既然我们在大好年华中选择了喜欢的工作，又是第一份工作，就要把握这次机会，使出洪荒之力做好它。

做好第一份工作的核心要点有三个：脸皮要厚，胆子要大，敢于表现自我。

在第一份工作中，如果你能够做到上面的三点，那么你就会在工作中变得主动。久而久之，你的工作能力也会得到很大的提升，你的自身价值也会得到发挥，并带给你成就感、荣誉感。

我的亲身经验告诉我，第一份工作的重要性与薪水无关，重要的是你在工作中培养好习惯。这样的好习惯，将会让你受益终生。

当我在宝洁公司工作时，有一次公司组织我们用英文演讲怎么销售。我是第一个上台演讲的人，但说句实话，当时公司里有很多比我英语好很多的人，我的英语虽然不错，但绝不是最优秀的。我能够踊跃上台第一个演讲，说明我的勇气可嘉。

我走上台后，没有滔滔不绝地讲。尽管我的英语发音不是那么标准，但因为我能做到镇定自若，所以我把演讲的氛围控制得很好。

我从职场到创业，一路走来还是颇为顺利的，而我的秘诀就是做任何事情都不会当一个不说只看或只说不做的“吃瓜群众”。做任何事情，一定要主动出击，不能太讲面子，脸皮要厚一点。做到了这点，你离成功就又近了一步。

对我们每个人来说，机会稍纵即逝，而且还有这么多优秀的人在和我们“抢”机遇，如果你不当第一个发言人，不主动引起客户对你的注意，怎么会取得成功呢？

我在课堂上讲过多次，要想成功可以先当网红。我说这话的意思就是胆子要大一点，脸皮要厚一点。只有做到了脸皮厚、胆子大，才有机会去做事情。事情无论做成什么样，都会或多或少地得到经验。等经验丰富了、成功了，我们自然能赢得别人的尊重，面子也就回来了。所以，做事情前先放下面子，最后才会有面子。等你做完事情有了面子时，你的面子就值钱了。

我们都知道，人都有从众心理。那些网红之所以能够带动许多人，是因为他们做了别人不敢做的事情，敢于在别人面前表现自己。他们做了第一个人，也就带动了一批人。

在工作中也是如此，你一定要当仁不让，争做排头兵、领头羊，周围的同事会被你的勇敢带动起来，愿意围着你转，最终你可以集众人的智慧于一身。

要想成功，成为场合的焦点人物，就要这么经历。不过，刚开始时的确需要勇气，但咬咬牙就能挺过来。当你冲出去时，就能改变自己原来被动的状态，重新调节自己。你可以在心里对自己说："我是一个很勇敢的人，我不比他们差，我只要努力就比他们好。我要是先出手，就一定能克敌制胜，一定能够比他们取得更大的进步。如果我不出手，可能慢慢就会被淘汰。"

不过，你要想在人前主动出击，平时就一定要有充分的思想准备。俗话说："台上一分钟，台下十年功。"成功永远属于有准备的人。我们必须在平时充分做好准备工作，一旦遇到时机就主动出击，这样成功的概率会更大一些。

请把你的第一份工作当作你人生的一次机遇，在工作中争取做到主动出击，相信你一定能够在工作中有所作为！

不要在“职业倦怠期”浪费生命

我的学员大部分是“90后”，他们思维敏捷、口才卓越、懂生活、对工作满怀激情。每次给他们讲课，我都会被他们的热情感染，变得热血澎湃起来。

一次，有位“95后”学员问我：“胡总，我很喜欢自己的工作，对自己目前的状态也很满意。可最近不知道为什么，我感到自己特别无聊，特别是在忙完工作以后。”

他的话刚说完，其他学员边笑边鼓起掌来。原来，他们也存在类似的问题。

另一个学员说：“有人称这段日子为‘职业倦怠期’，据说这是每个在职场的人都要经历的。胡总，请问您是如何度过这个时期的？给我们支个招吧！”

他们的这个问题让我想起了自己刚工作时的状态。

那时候，我也是他们这个年纪。我在放弃了国家分配的工作后，按照自己的意愿进入了宝洁公司。起初，我的工作并不是自己喜欢的营销工作。虽然有些遗憾，但我很快就想开了。带着对工作的新鲜感，我每天都激情满满，工作劲头一天比一天强。

那段日子，虽然工作很累，但我还在寻找机会做具有挑战性的工作。时间久了，我就像一个充满斗志的角斗士，用尽办法把工作做到尽善尽美。在工作之余，我还不忘读与工作相关的书，以此提升自己的工作能力。

当我乐此不疲地做这些事时，我的付出也在用另一种形式回报我。我先是调到了自己喜欢的部门，接着升职成为主管。我30周岁时，调到杉杉集团有限公司，一年后升任副总裁。

现在，我再回忆那段日子，蓦然发现，我在所谓的“职业倦怠期”一直是在工作、学习。可能是我的时间都花在这上面了吧，我的“职业倦怠期”反倒成为自我升值的过程。

前几年，我有一个客户，好像也问过我类似的问题。

我的这个客户在某合资企业任部门经理，参加工作5年了，工资涨幅稳定，职位也如他预期，得到了晋升。他有人际关系，有资历，有能力。即使跳槽，他的薪水也会翻番。可以说，他的职业前景一片大好。

一天，他给我打电话，有些落寞地说：“我最近在工作上出现了焦虑情绪，感到未来很迷茫。想换工作吧，一想到在新的公司重复同样的工作，就心塞。”

他问我该怎么办。

我给他支的招是“充分利用闲暇时间，多参加一些行业论坛、沙龙，可以与从事其他行业的朋友进行跨领域的沟通。多看看书，不要看太单一的书，最好涉及各个层面，这样能扩大自己的知识面。当你知道的事情越来越多时，你就会站在一定的高度看问题了，同时能分析自己的职场路径，寻找突破口”。

他听后答应试试。

前几天，他特意打电话向我表示感谢。他去了一家跨国公司，工资翻了两倍。

他的故事让我再次得出一个道理：不管你处在什么时期，尤其是当你感到困惑或迷茫时，你要做的就是为自己的升值做准备，或学习，或充电。有人说，没有辜负时间的人，最后总能得到一个比较满意的未来。让自己始终保持高昂的斗志和灵敏的行业触觉，一刻不停地提升自己，这样才能始终保持竞争力。

陈天桥是盛大网络董事长兼首席执行官。

早在1993年，陈天桥以优异的成绩获得提前一年毕业的机会。就在他踌躇满志地决定干一番事业时，他却出乎意料地迎来了长达10个月被“雪藏”的寂寞。

满怀抱负的陈天桥被分配到陆家嘴集团公司，他的工作是每天在一个小房间里放映有关集团情况介绍的录像片，这份工作一做居然就是10个月。

“我从复旦毕业，是跳级生，又是全市优秀学生干部，过来就让我干这个……”陈天桥事后坦言，如果那样的日子再延长10个月，自己可能就坚持不下去了，而他今天的人生道路可能也就变成另外一番景象了。

10个月，300多天，在这段寂寞、迷茫的日子里，陈天桥是怎么过来的呢？

“我当时在那样的年纪、那样的背景，能耐得住10个月的寂寞，躲在一个小房间里放录像，我感觉这对后面的年轻人还是有所启示的。很多年轻人觉得自己了不起，要干这个，要干那个，但无论干什么，首先要适应环境，而不是等着环境来适应你。”这么想过后，他选择了坚持。

或许我们每个人的生命中或多或少都会遇到这样的阶段：看不到希望，感觉未来遥不可及，时间多得让人感到彷徨，不知道下一阶段该去哪里。

世人往往只羡慕别人成功时一飞冲天的风光，却从不想办法应对成功前那段黑暗的日子。

没有谁的人生是一帆风顺的，人总会遇到这样或那样的坎坷，只有扫清了前进路上的绊脚石，才能开辟出一条阳光大道。人在职场，也是同样的道理,“工作低潮”或“工作倦怠”就像五线谱上高高低低的音符，总是埋伏在不同的工作周期中，蠢蠢欲动。

这些低潮或倦怠期，有可能是日积月累、大同小异的工作方式把热情彻底磨损了，有可能是自身的能力与需要完成的工作任务有巨大的差距，也可能是因为部门同事间日复一日的钩心斗角……这些都会让倦怠的感觉乘虚而入，有人会因此陷入情绪低谷，整天得过且过，也有人会因此考虑跳槽。

实际上，遭遇职业倦怠期并非坏事。老子说：“祸兮福所倚，福兮祸所伏。”这是指福与祸相互依存，可以互相转化，比喻坏事可以引出好的结果，好事也可以引出坏的结果。如果你能巧妙地利用这段时期，那么就能让你因祸得福。如何踢走这块石子，继续潇洒上路呢？很简单，就是让自己好好地增值。下面，我为大家提供了几种打破职业倦怠期的途径，如表 2-3 所示。

表 2-3　打破职业倦怠期的途径

途径	内容
选择最适合发挥自己的优点的职业	• 我们重大的突破就是把自己的长处发展到极限。当你选择了最适合发挥自己长处的职业时，你会不断地提高和超越自己，并且愿意为此努力
做职业规划	• 先分析自己的优势和劣势，分析行业的前景和未来。然后为自己制定职业目标、规划和实施的步骤。有了规划，才有具体的打算，才不至于让时光虚度
提升自己的能力	• 有能力的人，到哪里都能过得好。如何获得这些能力？我们要不断地学习、实践，勇于尝试，努力奋斗

续表

途径	内容
经营自己的人际资源	• 你是什么样的人，就会遇到什么样的人。人际资源，是一个人在生活、工作中的一种认可。你要想成功，需要在你有能力创造价值的平台上认识比你成功的人，认识比你能力强的人，认识有经验的人，通过与之交流、接触，你将会变得更加有能力
为自己寻找一个值得为之奋斗的目标	• 这个是一切奋斗的指明灯、方向灯。只要方向对了，然后坚持下去，离成功也就越来越近了
进行有意识、有目的的创造性活动	• 这是实现人生价值的根本途径。以实力为基础，就是要不断提高、充实、丰富、完善自我，使自己的综合素质与能力不断提升到新的高度。以人格为保障，就是要千方百计地培养优良品质，充分展现人格魅力
对自己进行投资	• 这是最大的投资，当然收获也是最为丰盛的。“技多不压身”，这句话自然有它的道理
磨炼自己的性格	• 性格可以培养吗？应该说性格不是培养的，而是被激发出来的。坚韧不拔、坚持不懈、有毅力等品质都是在处理事情时磨炼出来的。遇事冷静、机智，不慌不忙，有头脑，都是在不断的尝试中获取的经验。磨炼自己的性格，首先要有志向，然后坚持这个志向，为这个志向不懈地努力奋斗

新人是如何修炼成高手的

提到职场新人是怎样变成高手的，我必须提一提我的一个朋友。

1999年年初，我这个朋友的父亲因病去世，家里背负了近10万元的债务。迫于无奈，上高中的他为了替父还债，辍学后到城市打工。

没有学历，没有工作经验，他只能选择又苦、又累、收入又低的活儿。那时，他很喜欢服装设计，几经周折，就在一家服装厂当起了布料采购员。从事这项工作后，他一边去面料厂家学习面料知识，一边钻研服装款式。通过多方了解，他发现服装经营最大的特点就是点多面广、变化迅速。为了在变幻莫测的市场中准确把握消费趋势，他利用别人休息、娱乐的时间，在节假日和下班后有目的地逛商店、跑市场。

在平时，他只要看到较有特色的出样方式，就喜欢多逗留一会儿，琢磨琢磨、比较比较；有时营业员盯得没那么紧，他会拍几张照片带回去；只要看到有服装设计培训班开班的通知，他就会立刻利用业余时间参加培训，保持对设计理念的新鲜感；他还喜欢去车间，与同事一起裁剪，熟悉生产工艺。除此之外，他规定自己每天一定要抽出时间翻阅时尚杂志，捕捉知名品牌发布会的信息，了解流行信息，努力对服装阶段性的趋势有超前的把握。

工作中的实践和工作之余持续的学习，让他在短短3年内成为公司采购部门的主管。他在业余时间设计的一款春夏休闲女装，成为当年国内女性的流行服饰之一。

从2004年开始，他调到了公司的设计部门。由于他懂得选面料，深谙颜色搭配之道，由他设计的几款女装深受客户青睐，一经生产便供不应求。

第二年年底，他设计的一款时装在国内荣获大奖。

第三年，他设计的女装让公司的销售额突破亿元大关，年利润达到2000多万元，他也因此成为公司资深的设计师。

“要想实现事业梦想，就要先学习、升华。只有这样，你才能在梦想的领域不断前进，逐渐成为这个行业中的‘绝顶高手’。当你在这个领域具有很高的水平时，你的梦想就实现了。”这是他总结的经验。

他从一名默默无闻的采购员，到公司知名的设计师，靠的就是一种不断学习的精神。他把别人休息的时间用来学习，提高能力。

身在职场，新人若不努力，就会一直郁郁不得志下去。那些从新人变成高手的人，靠的是踏踏实实地干、认认真真地学，如图2-3所示。

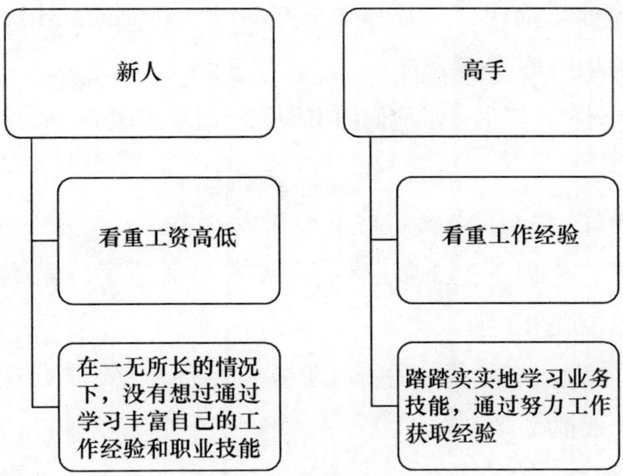

图2-3　新人到高手的转变

我一直认为，无论做什么工作，都要想办法超越自己。我经常对自己说：“胜者就是靠着积极的进取、不懈的努力来增值的。所以，在工作中，除了努力别无选择。”

我有一个朋友是企业家，下面是他讲的自己的经历。

我的第一份工作是做推销。为了给自己动力，在工作过程中我会给自己找一个竞争对象。这个竞争对象，一般是我们公司业务做得好的同事。

我们的主管是公司里业务能力超强的员工，也是公司最有价值的员工之一。我观察过他，他的成功源于高度的自律能力。

那时，他不管工作多忙多累，每天早上都坚持6点钟起床看书，并且规定自己在一年中要看20本书，其中1/3是专业方面的书。

我在业余时间学习时，就把他当成竞争对象，和他竞争谁读书更快、更多。那一年，他读了20本书，我读了25本书。

后来，这个主管自己创业，成了某集团的老板，而我成了现在公司的老板。

在一次企业培训课上，我与学员互动时，向他们提出一个问题：职场上的新人是如何炼成高手的？

听到这个问题，学员要求他们的市场部经理谈谈这个“修炼”的过程。

原来，他中专一毕业就到这家公司做业务员，一同入职的11个人都比他学历高。然而不到3年，其他人都先后离开了，唯独他坚持下来，而且这一坚持就是12年。

在这12年中，他从基层的一位业务员成长为市场部经理。下面是他讲述的自己的职业之路。

“挑战当然有，特别是在工作到第六年的时候。当时我觉得自己都麻木了。那年公司评优秀员工的标准是工作满6年的员工，且没有犯过重大过失，做出过业绩。我被评上了。当时拿着公司给的奖状和2000元的红包，我心里竟没有一丝喜悦，甚至有点失落和沮丧。想到这6年来重复的工作就像重复的日子一样，枯燥无味；更让我痛心的是，在这里，我没有了事业和梦想。”

这时有朋友介绍他到另一家公司工作，薪水很高。他很小心，选择先试一个月。于是，他利用年休假到新公司“就职”。这一个月给他的感受是“天下的工作是一样的，不同的是我们对待工作的心态”。

这次经历让他彻底明白，任何一家企业都有好的和不足的地方。就像婚姻，要想与另一半长久相处，首先需要接受对方的缺点。在工作中，要摒弃“这山望着那山高”的心态。

于是，他静下心来，对自己的处境进行了冷静的思考，思考的结果是“要想让工作和生活变得有意义，必须学习，提高工作能力”。工作能力提高了，业绩提升了，这是第一大乐趣；由于工作能力提高，不用无效地加班，有助于更好地生活，这是第二大乐趣。

他说到做到，利用工作之外的时间学习专业知识。

不久，公司进行组织机构调整，正式组建市场部。经过多轮竞聘，他成功当选市场部经理。市场部的工作打开了他职业生涯的另一扇窗。由于他具有丰富的一线销售经验，再加上勤于思考，他的工作表现很快得到了公司的认可。

“说到收获，跳槽如果只是满足于升职、加薪，这两者我在公司都得到了。”他说，“但我更看中的是在团队中的价值，公司和团队成员的信任不是短时间内就可以形成的。而且10年的‘深耕细作’，让我对行业有了很深的理解，在每年召开的战略研讨会上，我的一些想法和建议都会受到公司的重视，这让我很有成就感。”

最后他总结说：“当然，我很庆幸公司给了我机会，让我从事喜欢的工作，能够发挥自己的能力。这也是我留下来的关键因素。”

他说得对，我们对待工作就像经营婚姻一样，若想从两情相悦到长相厮守，还需要双方的相互包容和努力才行。

在职场上，新人之所以能够借助工作实现梦想，是因为他们会把梦想与工作完美地结合并付诸行动。梦想一旦被付诸行动，就会变得神圣起来。

不要把事业梦想想得高不可及。实际上，梦想的大门一直在向你敞开，有的门是虚掩着的，你要走近推推；有些门虽然关上了，但没有上锁，你要走近看看；有些门看似锁上了，其实锁一拉就开；有些门确实锁得很紧，但门的旁边还有门……不要远远观望一下就做出臆断；更不要还没行动就告诉自己不行。

不管什么时候，你都要告诉自己：梦想的大门随时为我留着，让我去开。

第三章

创业者的基本素养

一根筋地坚持你的创业目标

NBA 湖人队的得分后卫科比在球队中的领袖角色、得分能力，可以说无人不知、无人不晓。他带领湖人队一共取得 5 次总冠军，靠的是什么？

科比每天要练习投篮 2000 次。在来中国的专机上，摆放着健身器材，他还要进行体能训练。他付出了，也成功了。

科比的球迷特别多，他一年的薪金是 2480 万美元。假如有人对你说，如果你像科比一样努力，将来就会成为科比，你能坚持练下去吗？

2010 年 12 月 1 日，在“湖人”对“灰熊”的比赛中，科比投进一个难度很大的球后，资深篮球评论员杨毅在直播中感慨地说：“有的人挣这么多钱就不好好练了，有的人挣这么多钱却激励自己更要好好地练。”

科比能够成功，并不是他比别人有天分，而是他那份多年如一日的坚持。

现在有些人一提到“事业成功”4 个字，眼睛就发光。人人都想获得高职位，个个都想拿高工资。凭的是什么？

我告诉你，凭的除了勤奋的行动，还有不懈的坚持。在职场上如此，在创业中更是如此。在武汉大学的毕业典礼上，雷军发表演讲，他给毕业生两个建议：人要有梦想，并且要勇于坚持自己的梦想；另外，创业太辛苦，不是人干的事，创业前要想清楚，一旦决定了就要勇往直前。

我多次对打算创业的学员说：“创业需要一根筋地坚持。一根筋，顾名思义，是指一个人的观点、观念一旦形成，就要坚定不移甚至偏执地做下去，绝不回头。”

实际上，除了思想以外，一根筋还应该是对目标、对理想的坚持。方式、方法可以灵活多变，为了取得最后的成功，要用灵活多变的方式一根筋地追逐梦想和目标。我小时候的梦想是成为一个出人头地的受人尊重的人。为此我刻苦读书，每天早晨都起得很早，在村子的山后面读英语、背课文，十几年如一日。为了出人头地，我选择的是一根筋地刻苦学习。

在一次业内举办的沙龙活动中，我与行业中的几位大亨交谈，发现他们有一个共同点：**把坚持当成一种习惯**。

一位做珠宝生意的企业家，他对珠宝的鉴定堪称专家级别。在说到以往的创业经历时，他不无调侃地说："我在创业过程中遇到的坎坷，可以写一本悬念迭起的小说了。我先是经历了进假货，赔了几百万元。那些钱是我全部的家底，外加亲戚朋友凑的、银行贷的。当我得知被骗时，整个人都蒙了。我开车到郊外的水库边，犹豫着要不要跳下去。在那里待了整整一天，我终究没有跳下去。不跳的理由是，只要活着、坚持着、幻想着，希望还是会有的。"

他垂头丧气地离开水库回到店里，员工都已离职。他重整残局后，拿起那几百万元进的假货，把玩了一番，对自己说："下次，我不会再进假货了。"

几天后，公安局通知他，抓住了卖给他假货的骗子，并郑重地告诉他："钱只能追回一部分……"

他放下电话，一个人在店里失声痛哭。

"幸好我没死，'天无绝人之路'，老祖宗的话是真理啊！"他边哭边对自己说，"无论在什么情况下，坚持下去，既是唯一的出路，也是必胜的选择。"

那次追回的钱，虽然只有一点儿，但足够他东山再起了。在再次创业的过程中，他经历过比这次更惨的事情，已有经验的他在痛苦中挣扎，咬牙坚持着。

"每次坚持，都会让心灵经受一次黑暗。这黑暗就像我们生活中的黑夜，天亮后就消失了。"他如是说。

凡是成功者都有不达目的不罢休的观念。一根筋并不代表着愚昧落后，也不代表不变通，**而是对自己认可的目标执着地做下去。要采取灵活应变的方法，不断试错，不断改良，不断改进，团结一切可以团结的力量，最终达到目标。**

我与学员谈创业时，经常对他们说：如果你决定了创业，就要定下目标。有了创业目标，就要坚持做下去，做错了也没有关系。因为做错了你可以总结经验，可以改进。在日常工作中，只要不是致命的错误都是可以纠正的。只要你认定你的创业目标，最终就一定能达成。

杉杉企业定义：成为世界级受人尊重的企业。我们认为服装企业承载不了杉杉这家企业的梦想，要成为一家世界级的企业，必须求变。

杉杉从服装企业转型到锂离子电池负极材料的研发与生产经营，现在成为世界上锂离子电池综合材料的最大供应商之一，又进入了新能源汽车领域。我们还在金融服务业取得了长足的发展。这就是靠求变，不断地变化思路。杉杉的基因就是一个变化思路的基因。但是我们始终坚持一个战略目标：让杉杉成为世界级的受人尊重的公司。

不仅仅是创业，我们每个人要想做成一件事，就必须有一根筋的思想、一根筋的目标，不能因为碰到了这样或那样的困难就放弃了原来的梦想和目标。这就像爬山，如果爬到半山坡累了，就想下山，结果没有看到山顶无限的风光是非常可惜的。

当你定下创业目标时就要坚持，认识到这个目标的重要性和正确性，发扬“咬定青山不放松”的精神，引领你走向成功的彼岸。

他是一家国企的技术员。20 世纪 80 年代，年纪轻轻的他，每月拿着固定的工资。但他不甘心一辈子就这样让国家养着，于是辞职单干。他的行为让很多人并不理解。

他创业所掘的第一桶金是50万元。在那个一般人每月工资只有几十元的年代，这50万元的含金量有多高，可想而知。

这50万元给了他力量和胆量。他扩大了经营，成立了投资公司。几年后，公司因为管理不善，险些倒闭。那时，员工纷纷离他而去，他背负着百万元的债务，小心翼翼地经营着公司。

“我那时是完全可以关掉这家每月租金不菲的公司的。”他说，“但我不能，因为这个只剩我一个人的公司，可以给我的债主带来安全感。更重要的是，这家月月需要我为找钱而发愁的公司，是我坚持下去的动力。”

那段时间，他一个人身兼数职，在全国各地跑业务，住最便宜的旅店，吃最便宜的面条。他第二次创业成功后，又到国外成立了分公司。

成功者的人生和普通人一样，麻烦不断；但成功者的人生与普通人不一样的是，他们在坚持中不停地寻找着解决问题的方法。

第三次打倒他的是他的一位朋友。这一次的磨难是常人难以想象的。

他的朋友让他牵线，给国外的一家公司做项目。给对方公司打款后，对方公司却一再延长发货时间。由于那笔钱数额巨大，朋友若再等下去，公司将面临破产。于是，朋友就把他从国外“骗”回国，公安局以“诈骗”罪判了他十三年。

他忍着周围人的误解、屈辱，在监狱里一边写着申诉，一边读书、锻炼身体，准备东山再起。

七年后，由于他表现好，也因为证据不足，他被提前释放了。出来后的第二个月，他就回到让他栽跟头的那个国家去创业，用借来的钱注册了公司，准备大干一场。

“七年时间，外面发生了巨大的变化。我对市场的敏感度也很差。但我相信，只要我坚持下去，在坚持中寻找破解困难的方法，我会做得比以前更加成功。”

不出他所料，经过十多年的坚持，随着公司规模的扩大，现在他的公司已经成为拥有数十个子公司的集团了。身为董事长的他，资产上亿元。他说："对我来说，钱就是一个数字。我每天为什么还要辛苦工作？是因为我喜欢这种默默的坚持，在长久的坚持中，总有一份惊喜等着我。"

故事中的他，是我在企业沙龙上认识的一位企业家。他的创业故事，让在场的企业家佩服不已。

"坚持下去，既是唯一的出路，也是必胜的选择。"

"在长久的坚持中，总有一份惊喜等着我。"

……

这些话是我在沙龙上听到的最多的话。

有人说，成功者是不愿意把真话讲出来的，所以，成功是不可复制的。我想，并不是他们不愿意讲真话，而是每个人的成功模式是针对自己量身定做的。他们即使说出来，也不一定适合你。但有一点是共通的——他们在失败或遭受挫折时，所采取的态度都是"坚持"。

在创业的过程中，要学会用适合你自己的方式坚持做某件事，锲而不舍地追求目标，不成功就不死心。当你有这样的坚持时，你绝对会比别人更容易成功，因为当一个人满怀信心地去追求目标时，他的动力是十分强大的，足以达成在别人看来不切实际的梦想——因为每个人的潜力是无穷的。

所以，请从现在开始相信自己，勇于追求，锲而不舍，拥有一根筋的思想、一根筋的目标、一根筋的方法，最终你一定能获得成功。

带着使命感创业

一次，我在师董会讲创业时，在中间的互动环节，让几位年轻学员谈创业心得。其中一位在业内很有成就的企业家说："最开始创业，是因为我想赚大钱。可我发现，当我越渴望钱时，我就越得不到。而且每当公司因为缺钱而无法经营下去时，我就无比绝望，感到自己和公司走到穷途末路了。不瞒大家说，我的公司最糟糕时，除了外债，真的是一分钱都没有了。"

"那你是通过什么方法度过那段艰难的日子呢？"其他学员问。

"说出来你们可能不相信。"他笑着说，"我赋予了我和我的公司使命感。"

"这怎么可能？"学员们几乎异口同声地问。

"我是真的用这种信念让我的公司避免了破产的命运。"他语气坚定地说，"在那段黑暗的日子里，我想起了公司兴盛时客户、员工、家人对我说的话。我的客户对我说，当产品满足顾客的需求时，他们赚的钱能养活一家几口人；我的员工对我说，每当他们把公司丰厚的提成用于买房买车时，就会让他们感到巨大的成就感；我的家人对我说，他们看到我在创业的过程中那振奋向上的状态时，会让他们感到无比的快乐……我想着这些话，意识到自己经营公司，并非只为了钱，而是肩负着让更多人快乐的担子。有了这个担子，我不再有任何顾忌，而是带着不达目的不罢休的创业劲头，和我的员工一起拼搏。一年后，我的公司走出了困境……"

他的话还没有说完，台下就响起了热烈的掌声。

我由衷地对他说："你讲得太棒了。作为创业者，光有不怕苦不服输的闯劲是不够的，我们还必须拥有使命感。"

我一直认为，一位优秀的企业家必须具备两种精神：实干精神和拥有神圣的使命感。对创业者来说，他们最不缺的就是实干精神，然而他们却很难拥有使命感。事实上，使命感带给创业者的精神力量是无穷的。

说到创业者的使命感，Facebook 的创始人兼首席执行官扎克伯格表示：**创业者要有明确的目的和使命感、责任感，不能为了创业而创业。**接着他说了下面这段话。

现在硅谷的年轻人有一种思想，就是“我要创办一家公司”。但是这些年轻人对公司生产什么产品和公司的发展方向都感到迷茫。他们仅仅是为了创业而创业。

年轻人创业，首先要有思想和规划，如公司要成为生产高科技产品的 IT 公司，还是成为为消费者提供资讯等服务的其他公司？公司生产的产品、提供的服务，能为消费者解决什么问题？如果只是为了赚钱而成立公司，那么结果往往是失败的。

认为创业者应该拥有使命感的还有阿里巴巴集团董事局主席马云，他在多种场合提到：“创业者要有使命感和责任感，要拥有对未来和梦想的实现热情和努力奋斗的精神。在创业的过程中，创业者不仅要明晰创业的目的，还要规划好公司的发展方向。”

在“互联网 +”的时代背景下，大众创业的热情被点燃。许多年轻人加入了创业过程，在竞争白热化的商场中，若你和大家一样是奔着赚钱去的，势必会被淘汰。

市场上的钱再多，也是有数的。常言道，“山外有山，人外有人”。你再精明，也会有比你更精明的人。而且，如果你只是为了钱，那么你就是一个商人。既然是商人，你的企业就不能得到长远的发展。只有企业家才能做百年企业。企业家与商人的区别如图 3-1 所示。

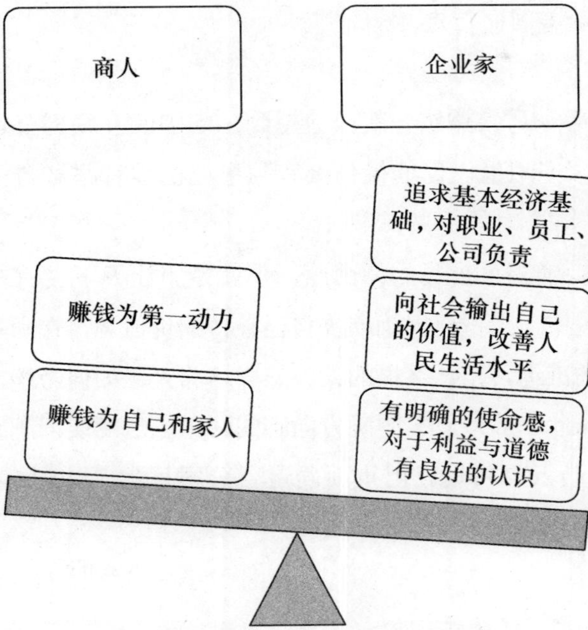

图 3-1　商人与企业家的区别

拥有明确的使命感成就了国内外的很多知名企业：联想公司的使命是为客户利益而努力创新；迪士尼公司的使命是让世界上的人们都快乐起来；丰田公司的使命是让全世界都懂得尊重……正是因为有着明确的使命感，这些创业者、企业才拥有了伟大的成就。

一般来说，企业的使命感是由企业家肩负的使命而产生的一种经营原动力，这种使命是做事情最深层次的目的。

2001 年，马云在纽约参加了克林顿夫妇的早餐会。在那次早餐会中，马云与克林顿夫妇进行了一次愉快的交谈。

克林顿说："美国无论是经济还是政治、军事在全世界都是一流的，没有可以模仿和借鉴的对象，那么美国到底应该怎么走？美国总统该把这个国家往哪儿带？应该依靠什么力量引导美国前进？答案其实很简单，是使命感在引导着美国向前走。”

克林顿的话令马云豁然开朗。他想到，中国的互联网公司可以模仿雅虎、亚马逊等，但阿里巴巴能模仿谁？阿里巴巴唯有跟着自己的使命感走方可成功。

马云进一步确立了公司的使命感，那就是“让天下没有难做的生意”。在使命感的驱使下，阿里巴巴确立了自己独特的价值观。在阿里巴巴，价值观是决定一切的准绳，招什么样的人、怎样培养人、如何考核，都要彻底贯彻这一原则。从此以后，有了明确方向感的阿里巴巴发展得越来越快。

2004 年，马云为阿里巴巴重新确定了公司目标，如图 3-2 所示。

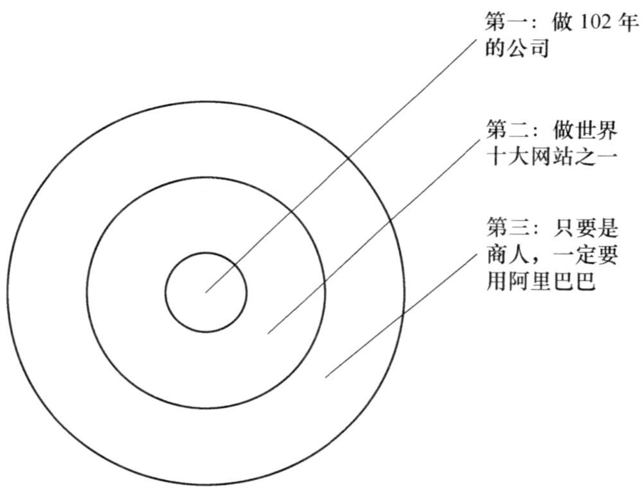

图 3-2　阿里巴巴的公司目标

阿里巴巴有了这 3 个目标后，马云在面对“为什么阿里巴巴当时选择了电子商务，而不是其他人所看好的赚钱方式”的提问时，他的回答如下。

只有电子商务才能改变中国未来的经济，我坚信人们进入信息时代以后，无论是政治、经济、军事还是文化，中国完全有可能进入世界一流国家行列。在阿里巴巴成立的时候，我说过，我们相信中国一定能进入 WTO，而中国的腾飞又是以中小企业的发展为基础的，我们用 IT 武装它们，帮助它们腾飞，也帮助自己腾飞，公司也能赚钱。阿里巴巴的使命就是让天下没有难做的生意，让客户挣钱，帮助他们省钱，帮助他们管理员工。

我们在做每个决定之前，都会考虑怎样去做才会使客户的利益最大化。我们提出让天下没有难做的生意以后，我们就将此作为阿里巴巴推出任何服务和产品的唯一标准。我们的工程师和产品设计师把我们的产品设计得非常简单，以便让客户更容易操作，把麻烦留给自己，这就是使命感的驱动。

2007 年阿里巴巴上市前夕，马云重申，希望通过上市，让客户即网商富起来，这也是阿里巴巴的使命之一。

招股说明书显示，阿里巴巴计划拿出所筹集资金的 60% 用于收购和发展 B2B（企业间电子商务）业务，为那些从事“中国制造”、利润微薄、没有实力进行海外营销的中小企业提供更低成本和更高效率的对外贸易平台。

正是因为拥有“让天下没有难做的生意”的使命感，阿里巴巴受到了众多客户的尊重。中小企业借助阿里巴巴这个平台，在为自己谋利的同时，也为社会创造了很多就业机会。为此，马云做了如下总结：“我们要让中小企业真正赚钱，我们要让中小企业有更多的后继者。截至 2017 年，国家统计局的数据显示，我们国家有 13.9 亿人口，20 年以后可能很多人会因为各种各样的原因失业。我希望电子商务能够帮助更多的人拥有就业机会，有了就业机会，社会才会稳定，家庭才会稳定，事业才会发展。”

带着使命感创业，会让每家企业承担起社会责任，并把这个社会责任贯穿于企业的工作中。而企业的使命感不仅仅是统一思想、凝聚人心、统一行动、提高效率、减少交流成本、激发员工斗志的力量，更是企业的血液、基因和品格。

我在杉杉也是带着使命感工作的，这也是杉杉发展快的原因之一。我在创建师董会时，也是带着使命感的。

我在创建师董会前，心里一直在想一个问题："这么多年来，我南征北战，各个行业都干过，从传统服装转到锂离子电池材料、食品行业、植物萃取行业、玻璃行业，又做科技园区开发。我深刻地感觉到，要回馈社会，最好的一个办法就是通过创建师董会这个平台分享商业智慧、匹配商业资源，让智慧、视野、资源、资本通过互联网共享给所有创新者与创业者，帮助广大中小企业创新、创业，转型升级。"

基于这样的想法，师董会很快创建起来。我们的目的是让中小企业家能够多学习、少走弯路，得到创业经验的启迪，得到有能力、有资源的人的帮助。创业者有什么困难可以随时随地在线上向相关导师请教，在线下通过师董商学院的授课实战，解决具体经营中的问题。

我认为创建这个平台特别有意义，特别有社会价值。我有很强的兴趣，有很强的使命感，所以每天都全力以赴地经营着这个平台，帮助企业家会员解决具体问题。每当我看到企业家通过协商解决问题时，我比自己获得成功还要高兴。

由于拥有帮助别人解决困难的使命感，师董会助力中小企业得到了更好的发展，所以受到很多人的欢迎。

我想成为一个受全世界尊重的人，让更多的人围绕在我的身边，让更多的人因为我的存在而感到幸福。所以我提醒广大的创新者与创业者；必须拥有使命感，有了使命感，你才会有一种企业不成功就不罢休的决心。

死扛，不放弃

一位有5年创业经历的学员在微信上问我："胡总，我的企业出现了严重的问题，我坚持了一年多，现在实在坚持不下去了，我该怎么办？"

我的回答："死扛。坚持是因为还有与困难还手的机会。而死扛，只是为了保命，保住你和企业的命。命保住了，再坚持下去，你的企业才能够东山再起。"

我在师董会中碰到很多在企业危急关头"死扛"的创业者。企业已经四面楚歌、内忧外患，看不到一点儿光明，但他们还是顶着各种压力奔波着。他们说，当时根本不敢想企业能生存下来，更不敢想企业会有未来。可他们就是要死扛下去，只有这样才能对得起自己。

我在网上看到以下这个真实的故事。

国外某500强企业的董事长，在最初创业时遭受了2008年的金融危机。最严重时，公司账面上没有一分钱现金。现金流对企业的重要性就像血液之于人。偌大一家企业，别说账面上没有一分钱，就是少了几十万元的现金，也对企业不利。

更巧的是，当时正赶上国外的圣诞节。但他愣是想方设法筹来一笔钱，把这笔钱用红包包起来，召集员工开会。

在会议上，他先是如实告知大家企业的处境以及这笔钱的来历，接着他亲自把红包发给每个人。

在企业遭受灭顶之灾时，他给员工包的红包数额已经非常大了。可是他还是一边亲手给员工发红包，一边充满歉意地说："作为企业的老板，在节日到来之际给大家发这点儿钱，真是太少了。对不起！等企业渡过难关，我会补偿大家的。”

此情此景，连铁石心肠的人也会感动，员工们为他的真诚感动不已。圣诞节过后，员工们干劲十足，迸发出巨大的能量，在极短的时间里让企业走出了困境。

故事中的老板，就是在“死扛”。相信他借钱发给员工时，心里或许不敢奢望节日过后员工会再回来工作，结果却出乎他的意料。这就是“死扛”下去所产生的力量。由此来看，“死扛”是一种很宝贵的品质，有时候它能够让你“绝处逢生”。正如马云所说:“有时候死扛下去总会有机会！”没错，特别是对于创业者来说，死扛下去迟早有一天会让你的企业出现转机。

在这个人人都能创业的时代，要想在创业的夹缝中生存下去，创业者必须经过一段“死扛”的日子。

我在杉杉带着伙伴创业时，深刻地体会到：创业者都是孤独的，我们必须全身心地投入到工作中。最让我们无奈的是，时间超级不够用，恨不得把 24 小时当成 48 小时来用。我们需要把全部的精力和时间放在产品的研发、市场的拓展，以及公司的战略规划上。我们会牺牲与亲人在一起的时间，牺牲自己的周末，牺牲自己所有的空闲时间。

如果你打算创业，就要做好“死扛”的准备：**从决定创业开始，你就应该知道这是一场与时间的较量，不是看谁跑得快，而是看谁跑得远。**在这个过程中遇到的困难是你想象不到的。企业遇到瓶颈，就像蝴蝶蜕变前的蛹，每跨过一个瓶颈所经历的痛苦都是不可想象的，你只能不断咬牙坚持，不断提醒自己别放弃。既然你决定了创业，就要有即使撞得头破血流也誓不回头的决心。

马云在创立阿里巴巴之前，创业多次以失败告终。在创立阿里巴巴不久，他遇到了资金危机，只能自己去拉投资。前前后后尝试了33次，没有一次成功，没有人愿意相信这个“满嘴跑火车的家伙”。但是他没有就此放弃，而是等来了有着强大的法律和财务背景的蔡崇信。随后，马云在和蔡崇信的配合下拿到了一笔大额投资，这才使阿里巴巴转危为安。

今天的人们，只看到了马云和阿里巴巴上亿元身价的风光，却不曾记起他们“死扛”的那段灰暗的日子。所以，没有一位企业家是幸运的，你所看到的幸运都是别人用生命“死扛”换来的。

为什么创业的人那么多，成功者却凤毛麟角？是因为成功不仅考验人的智商，而且考验人处理时间、精力、寂寞以及“死扛”的能力。所以，如果有一天你在创业的过程中感到身心俱疲，已经不能再坚持了，那么也请你再“死扛”下去。

很多时候，成功与否不取决于你的智慧与能力，而取决于你是否有足够的耐心和毅力。或许现在你还看不到希望，看不清前方的道路，但是只要你坚持不懈地努力，终有一天会看见光亮！

在创业的道路上，“死扛”和坚持是不一样的。

坚持：用力气作为底气。假如你在登山，道路崎岖不平，你虽然很累，但是不会危及生命。你只要一步一个脚印地往上走就是了，快一点儿或慢一点儿，问题都不会太大；只要毅力足够、体力足够、时间足够、不轻易放弃，你就有登到山顶的那一天。

死扛：用生命做赌注。在电视或电影里，我们无数次看到过这样的镜头：一个人的身体已经垂挂在悬崖上，但他因为抓住了一根枯藤，于是靠这根枯藤求生。可以说，他的生死就系在这一根枯藤上，这与登山截然不同，你需要动用一切资源、利用一切条件，让自己活下去，因为任何一个小小的失误都有可能让你掉进深渊，性命不保。

当一个人实在坚持不下去的时候，有两条路可以选择：一是放弃，这是大多数人的直接反应；二是坚持，这是少数人的想法。那些把企业做得成功的企业家，靠的就是坚持。

我今天跟大家讨论的，不是死扛的办法，而是思维模式。身为创业者，你要依据公司的实际情况而定，只要你坚持，就一定能找到相应的办法。

我的理解是，要想建立这种思维模式，别人帮不了你，只能靠你自己，你必须学会给自己各种心理暗示，如图 3-3 所示。

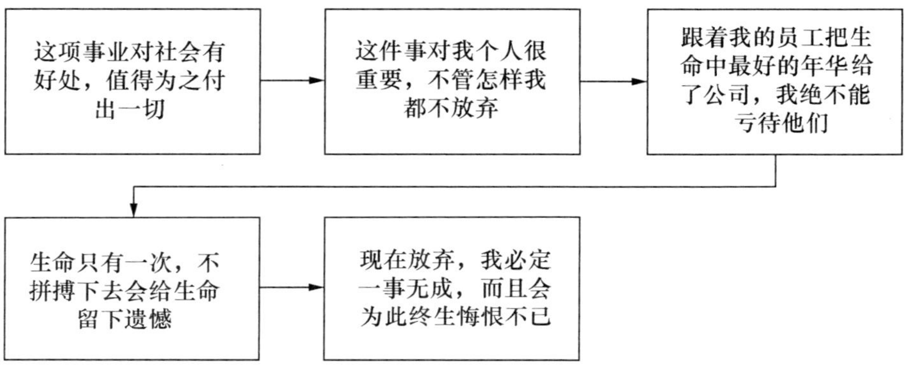

图 3-3　给自己心理暗示

如果你是一个创业者，不管你在创业的哪个阶段，都不妨使用图 3-3 所示的心理暗示，久而久之，你就能自然形成坚持到底的思维模式，“放弃”这个词将会从你的心理词典中抹去。

保持空杯心态，勤于自我复盘

做事的前提是要有一个良好的心态。如果你想学习更多的知识，就要先把自己想象成一个空杯子，只有清空心里所有的自满，才能学到更多的知识，而不至于骄傲自大。拥有空杯心态的人，才是有大智慧的人，才是有希望成功的人。

但是，“空杯心态”并不是一味地否定过去，特别是在创业的过程中，要有否定或放空过去的态度，融入新的环境，对待新的工作、新的事物，只有不断更新才会保持活力和竞争力。

创业、创新，是当今时代最火的字眼。2015 年被称为“大众创业年”，围绕创业衍生的创业项目、项目路演、孵化、融资等，一时成为热门议题，这股热潮一直持续到现在。而在多数创业项目中，年轻人展现了前所未有的创新能力，很多创业团队都是由“80 后”“90 后”担当主力军。

保持空杯心态是一位创业者走得更远的基础。**自大自满终究会毁掉你的心血，虚心学习才会把未来的路走得平坦**。成功的路上坎坷不断，成功者之所以成功是因为他们跨越了别人跨越不了的障碍，吃了别人不能吃的苦，没有一个成功者是一帆风顺的。

一匹千里马参加在森林举办的运动会时，获得了马拉松比赛的冠军。有了冠军的光环后，千里马渐渐失去了以往平静自在的生活，忙于应酬外界的各种活动，享受着大家给予它的最好的礼遇和赞美。

猴子给千里马送来了黄金马掌，其又大又厚，每个有一斤多重，千里马穿上以后，每步都能发出动人的声响；狐狸把千里马的马鞍换成了用珍珠金线编织而成的华丽马鞍，披在马背上闪闪发光……千里马陶醉于这样的生活，渐渐地，它觉得自己不再是一匹普通的马了。

为了让自己显得有身份，千里马找铁匠打造了一个圆圆的铁盒子，把奖牌装进去，用五彩的锦绳挂在脖子上，就这样风光地出入各种场合。

一年后，森林中又举办了运动会。雄心勃勃的千里马再次参加比赛，可是没过多久，它就气喘吁吁，身上的马鞍、脚上的金马掌和脖子上的铁盒子，阻碍了它奔跑的脚步，不管它如何努力，四只蹄子就是不听使唤。它看着身旁呼啸而过的骏马，感到非常无奈。

曾经的冠军千里马，之所以在第二次比赛中力不从心，是因为它身上背负了太多华丽的东西，影响了它的奔跑。这个道理，也适用于创业。

如果我们在创业时想得太多、考虑得太多，势必让我们背上华丽的负担。唯有让自己拥有空杯心态，才能轻装上路。

创业要反思，举一反三；创业要学习，要对过去进行复盘。

只有复盘才能使我们不断进步，哪怕每天进步百分之一，最后也会通向成功的彼岸。**所谓复盘，就是围棋对局完毕后，复演这盘棋的每步记录，检查对局中每步走法的优劣与得失的关键，便于以后提升围棋的实战能力。**

著名企业家柳传志曾经说过："复盘不仅没有任何损失，还可以随时反馈当下的情况，不让下次的'更好'和自己擦肩而过。"**通过复盘能够知道团队的强弱优劣、分工是否合理、长板效应能否体现，短板效应的危害。能够反复复盘的创业者，善于通过复盘总结经验和教训，使其学习能力越来越强，创业成功的希望也会越来越大。**

创业者要学会复盘，要善于反思自我，绝不能骄傲自满，听不进别人的意见。我总结了一下，复盘的好处可简单归纳如下。

好处一，不在同一个坑里跌倒，避免重复犯错

虽然每次实践都不可能做到百分之百的完美，但在复盘的时候，我们可以知道哪些地方做得不尽如人意，原因是客观的还是主观的。如果能找到一些之前没有注意到的问题，对自己而言也是一个很大的收获。

不再犯同样的错误，是复盘追求的第一层目标。战术上的查缺补漏，可以找到其他的干扰因素，降低甚至杜绝重复犯错。

好处二，知道团队的强弱项，合理分工

复盘，到底在复什么？其实就是人和事，两者缺一不可。每个人都有自己的强弱项，如果分工合理，长板效应会随之突显。反之，短板效应的危害也是有目共睹的。复盘追求的第二层目标，在于了解团队中的每个人，实现合理分工。

好处三，知己知彼，磨炼内心

复盘一件事情的来龙去脉，与下一盘棋一样，都是彼此斗智斗勇。过程中对自己心理上的成长和锤炼，是复盘的第三层目标，也是个人和团队在这当中得到的最大收获。

好处四，知道如何能更好，胜在细节

全盘中存在着各个细微的环节，这些环节环环相扣，导致了结果。所以，复盘的过程也是将细节重新暴露的过程。知道了哪些地方有可能更好，才能在下一次实践中迭代和更新。

认清自己，把长处发挥到极致

在创业的过程中，你只有发现自己的优点和长处，将其发挥到极致，才有可能成功。

罗斯就读于法国一所著名的工程学院。毕业后，他毫不费力地找到了一份专业对口的工作。但几年后，他越干越力不从心。后来他回忆说，成为一名合格的工程师需要一种严肃而自律的精神，但是自己恰恰缺少这种精神。

罗斯性格外向，富有亲和力，又特别喜爱四处活动。按部就班的工程师工作不能使他获得心灵上的满足，他的工作积极性无法提高，很难在这个工作中取得成就。所以，他感到十分苦闷。

在经济大萧条时期，罗斯被淘汰出局，成了一名失业者。这一次，他准备寻找一份适合自己的工作。抱着试试看的心态，他进入了一家销售公司，负责产品的销售。结果他的特长渐渐得到了发挥，不到两年，他就成了一名颇有成就的销售经理。

工作如此，创业更是如此。如果一个人对自己的长处不够了解，没有很好地发挥自己的长处，就很难有所建树。

如今很多人大谈特谈创业，却不考虑发挥自身的优势，这样是很难成功的。我们每个人都有自己的长处，而创业就是要发挥自己的长处，并且要将长处发挥到极致。只有清楚自己的长处能给自己带来什么，找准自己的定位，才能在创业中扬长避短。

许多成功人士之所以取得成功，**得益于他们充分了解自己的长处，**

并根据自己的特长为自己定位，找准了方向。

一个人能否成功，在某种程度上取决于他对自己的定位。你给自己的定位是什么，你就会成为什么。为了使自己充分发展，进行全面准确的定位是至关重要的。记住：**你可以掌握自己的命运，决定自己的价值！**

我们生活在一个创业机会很多的时代。这些机会给予了我们充分的自由，但同时也给我们带来了很多困惑。很多人抱怨创业难，找不到创业失败的原因。造成这种局面的原因在于很多创业者总是有意或无意地模仿他人，忘记了真实的自我。

一个人竭尽全力地做一件事没有成功，并不意味着他做任何事情都无法成功。要是他选择了不适合自己性格的职业，就很难成功。莫里哀和伏尔泰都是失败的律师，但前者成了杰出的剧作家，后者成了伟大的启蒙思想家。只有当一个人选择了适合自己的工作，找到了适合他的位置，才有可能获得成功。

课堂上，老师与学生做了一个游戏。老师用钢笔在一张白纸上画了一个点，问学生："这是什么？"

学生回答："黑点。"

老师意味深长地说："同学们，大家首先看到的是一张白纸，其次才是白纸上面的那个黑点。"

我们之所以会一眼看到黑点，是因为我们忽略了自己的长处，忽略了纸上黑点以外的那些空白的地方。

金无足赤，人无完人。实际上，人的长处和短处总是相对而言的。长处与短处本身并不重要，能否用一种健康的心态正确对待自己的长处与短处，对一个人的发展和事业的成功是至关重要的。

对大多数人来讲，改正自己的缺点，特别是性格上的弱点，是非常难的事情。我们的精力毕竟有限，如果把自己的注意力过分集中在那些不足和缺点上，势必会限制思维、束缚手脚，导致自己遇事过分谨小慎微，因为害怕犯错误而阻碍自己去大胆地试、大胆地闯，有时会错失走向成功的机会。相反，只有认识到自己的缺点和不足，把全部精力集中于发展自己的长处上，努力让自己形成绝对优势，才能抓住机遇、赢得成功。那么，我们如何用自己的长处来创业呢？

方法一，正确认识自我

“尺有所短，寸有所长”，每个人都有自己的缺点和优点。假如让诸葛亮提刀冲锋、吕布出谋划策，不管他们本身的能力到底有多强，一旦自我认知错了、定位错了，就不可能成功。大多数人湮没于平庸，不是因为没有长处，而是因为随波逐流，没能发挥长处。人的长处只有发挥出来，才有价值。人无完人，老板也不能保证所有的决定都正确。唐太宗李世民重用魏征，正是借“魏征”之长，弥补自身之“短”。我们不仅要认识到自己的长处，而且要知道自己的短处，并想办法用团队的力量来弥补。

方法二，合理的团队架构

优秀的团队是对每个团队成员能力与长处的整合。即使是再优秀的人，如果被放在了错误的位置上，也可能因其“短板”而造成损失。团队如水桶，短板的高度，决定其能力的上限。因此，在团队架构中，不仅要发挥每个人的长处，把每块“板”放到正确的位置上，而且要注意弥补短处，必须清楚地审视团队的能力盲区，然后选出这方面最有能力的人来补位。

方法三，用人所长

优秀的企业家必须学会识人、用人。唯有发挥下属的长处，才能把人力资源的价值用到极致。

发挥特长、灵活应变，锤炼核心竞争力

在师董会，总有创业不久的创业者问我：“胡总，您做企业这么多年，一直很顺利，请问您做企业的秘诀是什么？”

说实话，我认为这个问题没有标准答案。企业的情况不同，问题的解决方法也不同。不过，我根据杉杉的发展情况，总结出了一些经验，即企业要想稳步发展，必须拥有自己的特色竞争力。

做企业一定要有自己的特色，这说起来容易，做起来却很难。因为大部分企业都在模仿成功企业，你想走捷径，就必须付出代价。模仿的产品缺少了自己的核心竞争力，通常是靠规模取胜，靠劳动力的廉价取胜，最终导致产品的价格极低，质量却不能保证。这样的产品，自然无法赢得顾客的信赖，也无法立足于市场。所以，**我认为一家企业必须有特色产品，或者要有核心竞争力，或者说一定要找到市场的痛点和商机。**

不过，什么事情都有利有弊，核心竞争力能为企业带来相对的竞争优势，也有的企业的核心竞争力会削弱企业的战斗力。一般来说，**企业的核心竞争力资源主要包括有竞争优势的资源、稀缺资源、不可被模仿的资源、不可替代的资源、持久的资源。只有建立了企业核心竞争力资源，企业才能形成自己的核心竞争优势，从而获得有力的竞争地位。**

在日益激烈的市场竞争中，为什么有的企业如昙花一现般悄然逝去，有的却坚如磐石，成为百年企业？一个主要的原因就是企业是否拥有独特的竞争力。

我现在创建的师董会，就是想拥有自己的特色。

我们取名老师的“师”，就是想通过互联网的方式把全世界的著名企业家、投资家聚集在一起，承担社会责任，用导师的立场、用传道者的

立场服务于全世界的中小企业家，而不是专门服务于某个人、某家企业。

师董会的服务，不局限于出主意、想办法，而是要将知识、资源、实战结合起来，为企业的成长提供全方位的帮助：由导师答疑解惑、分析问题、提供解决建议；为企业的投融资、合作、操盘提供指导；整合企业、产业链以及各个领域的企业服务业，形成互相匹配、互相受益的闭环。

师董会通过做有竞争特色的平台和“人联网”，实现人的价值开发和匹配，帮助企业解决项目完善、融资对接、产业链整合等问题，由此与其他平台拉开差距，形成自己的特色。

做企业一定要坚持差异化竞争，一定要灵活应变，找到自己与别人的不同之处，并对自己的核心竞争力加以强化，不断投入，不断磨炼，不断打磨。

但是，当今社会的变化是极其迅速的，核心竞争力也面临不断的调整与完善。唯有保持不断变化、不断进取，才能巩固和维护核心竞争力。总结起来就是 16 个字：**迅速反应、以变应变、马上行动、注重结果**。

假设你打算做一个产品，做的过程中客户提出了意见，你要怎么改良这个产品？后来你发现如果这个产品搭配上某个功能可以变成更受欢迎的新产品，最后经过不断调整大获成功，这时你却发现它已不是你最初设想的那个产品了。

一位企业家必须有敏锐的商业直觉，要善于抓住商机；同时不断强化自己的竞争力，以变求变，以变应变。

创业也好，转型升级也好，都要坚持自己的核心竞争力，不断强化自己的核心竞争力，最终使企业在经营过程中处于不败之地。

如何理解“迅速反应、以变应变、马上行动、注重结果”，并将之落实呢？

方法一，不断创新

创新是现代企业获得持续竞争力的源泉，是企业发展的核心动力。

创新包含技术、管理、制度、市场、战略、模式、运营等诸多层面。现代市场需求不断变化，唯有顺应市场、不断创新，才能长期保持有效的竞争力。

方法二，高效管理

加强企业的信息化管理，提高企业的运行效率，同时将企业的各项指标实现可量化、可视化，为企业决策提供更加精准的依据，帮助企业快速反应、审视结果。

方法三，调整导向

顾客需求是多变的，在供不应求时，企业以产能为导向（制造为王）；在满足顾客的基本需求后，企业以品质为导向（质量为王）；品质相同时，企业以特色为导向（品牌为王）；品类丰富时，企业以产品迭代创新为导向（创新为王）。

方法四，结果定义

核心竞争力是一切变化最终要实现的目标，也是评判一切变化利弊的唯一标准。无法带来结果的行动，是对企业资源的浪费。

在学习中发现商机

很多创业者往往因为一个自己认为不错的创意就会立刻尝试。其实他们对如何选择行业、如何选择市场，并没有一个清晰明了的规划，这样做是很难做好的。发现商机要靠自己，平时要多向一些有经验的人学习，多向你的先行者学习。一般来说，创业者在商业机会中能找到一些趋势性的机会，如图 3-4 所示。

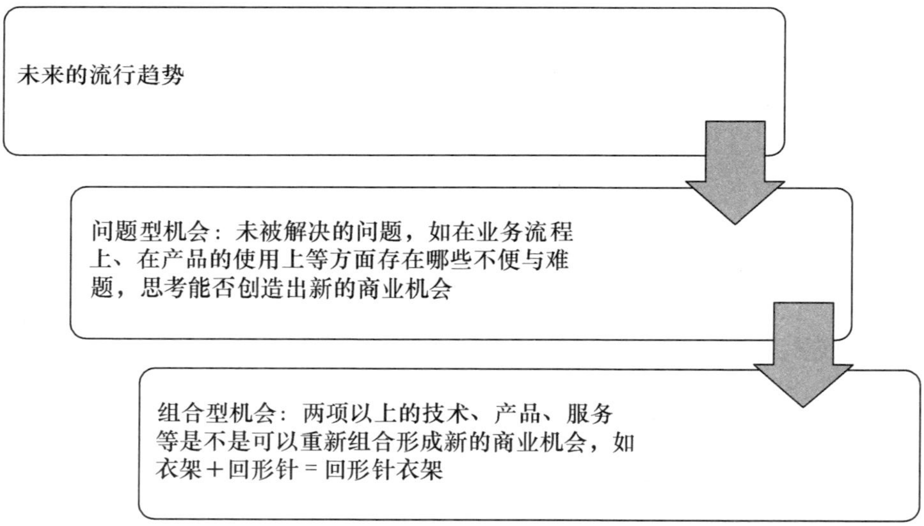

图 3-4　几种趋势性的机会

怎么抓住这些机会？

首先，要积极向那些有成功经验的人请教，包括眼界、思维、思路、想法等。很多时候，商业模式不是靠象牙塔里的理论堆积、推算出来的，而是要综合考虑做什么（立项）、怎么做（流程）、拿什么做（资源）、如何吸引人一起做（利益分配）、如何高效快速地做（资本运营、企业管理）等一系列实战问题。

其次，要积极创建良好的商业协作机制，并引进优质的商业资源为企业赋能。例如，我带领杉杉转型，也是借力鞍山的技术和人才；马云的阿里巴巴发展得那么快，蔡崇信帮他引进软银的注资功不可没。现在互联网行业发展迅速，背后大多是资本的力量在助推。

我们以华为 2018 年春季推出的被称为“全球最强人工智能拍照手机”的 P20 Pro 为例。为什么说商业协作机制和优质商业资源非常重要呢？华为 P20 Pro 手机采用了非常多的全球顶尖技术元素。

海思 Kirin970 的芯片，这个芯片的组成部分如下。

海思 Kirin970 的 CPU（中央处理器）架构来自在英国 ARM 公司的架构基础上的自主创新，而 GPU（图像处理器）使用的是 ARM 公司的 Mali-G72 MP12 型处理器。海思 Kirin970 芯片中的 NPU（神经网络处理器），是中国科学院计算技术研究所开发的“寒武纪 -1A”NPU，它是全球首款“深度学习”型的“神经网络处理器芯片”。从人工智能的角度看，其性能是同代 CPU 高通骁龙 835 的 25 倍，能效则是其 50 倍。

海思 Kirin970 芯片中的通信基带是华为独有的自主研发技术。海思 Kirin970 芯片的主要代工生产商是台积电，采用的是 10nm 制程工艺。

接下来再看 P20 Pro 最亮眼的摄像组：后置 4000 万 + 2000 万 + 800 万像素的镜头由中国的光宝科技、欧菲科技供货；前置 2400 万像素的镜头由中国的舜宇光学、欧菲科技、光宝科技供货；后置三摄由中国的舜宇光学、欧菲科技和韩国的 LG 供货；而 40MP 的主摄像头芯片出自索尼，其他摄像头芯片出自 OV。

其他的外围资源呢？手机屏幕是蓝思科技、LG、京东方供货；导航用的是美国的 GPS、俄罗斯的 GLONASS、中国的北斗；网络标准则是中国移动、联通、电信的LTE 4G网；搭载的是以Google开发的安卓系统为基础，以华为升级开发的EMUI作为操作系统。

当然，一台手机的背后，还远远不止这些供应商和外围的合作资源。越是前沿产品，调动的全球资源就越多。

可见，良好的商业协作机制、优质的商业资源，对提升企业竞争力、捕捉市场需求有多么重要。一家企业的精力有限，注定不可能把方方面面都做到顶级水平。所以，**每家企业一定要牢牢的把力量聚焦于自己的长处，而不要渴求遍地开花。对于企业无暇顾及却又不可或缺的资源，要依靠完善的协作机制的拓展优质资源进行互补。**

发现商业机会需要通过学习这个途径，我们要主动发掘机会、把握机会，不能光说不做。因为，在具体做的过程中是会发现商机的，任何商业机会都是在实践中挖掘的。同时，我们还要有自己的悟性。当你学会了抓住机会后主动出击，你就离成功更近了一步。

命运对每个人都很公平，会在我们遇到困惑、低谷时，赐给我们一个成功的机会。如果我们能够在创业机会面前持续不断地学习、一心一意地实践，那么你一定会在创业中一举夺魁。

第四章

企业家的入门知识

用资本运作，玩转资源价值

一次，我在讲创业思维时，有学员问我："胡总，我觉得创业最难做到的是集资。特别是在创业时，没有钱真是寸步难行啊。"

我笑道："钱像企业的血液。没有钱，企业确实难以经营下去。但是，钱并不一定非是现金。"

"胡总，您这话说得我们听不明白了。"学员一脸懵懂地问，"那钱是什么？"

"知识。"我解释，"把你们的知识化成金钱。当然，这需要大家转换一下思维。例如，你们几个人想合伙开公司，有资金，有好项目，有客户，这样你们合作起来，不就解决了钱的问题吗？"

学员恍然大悟。

"这叫资源配置。"我引出正题。

资源配置是资本运作中的一项。**资本运作不仅包含资金运作，还包含技术、知识、商业资源、市场渠道等众多资源的运作。通过运作，我们能把外部资源整合为企业可以消化、可以盈利、可以变现的企业资产。一次成功的资本运作，既需要可投之资，也需要找对投资的目标。**

企业的价值可以分为两个部分。

一是以产品与服务获利来体现利润价值，主要体现在现金层面，这也是大多数传统企业的获利模式。

二是有创造财富能力的资源价值，常见于无形资产、企业盈利能力等方面，如品牌价值、流量价值、社群价值、技术价值、渠道价值等。资源价值虽然不能直接用于支付，但可以为企业带来源源不断的收益。

资本运作，就是高效利用、开发、整合资源价值的技巧。

为什么那么多互联网公司不赚钱却非常值钱？为什么很多实体公司赚钱却不那么值钱？

因为互联网公司成功搭建了一个平台，并利用这个平台，把电商、顾客、广告商、技术服务商成功地吸纳进来，成为自己商业协作体系中的一员。互联网公司在不花费一分钱的情况下，快速获得了大量的“制造能力”“消费能力”“传播能力”“技术服务能力”，并把这些能力纳入互联网平台的盈利体系。这就是所谓的用别人的力量为自己的平台创造资源价值。

当一个平台撬动了大量的社会资源，引为己用后，它的资源价值已经远远大于它的利润价值。所以，它虽然不是“很赚钱”，但是“非常值钱”。

传统企业或公司大多做的是产品经营，是企业围绕产品、服务等主要业务，进行生产（含服务）管理、产品改进、质量提高、市场开发等一系列活动。但是，任何一家有一定规模的大企业，都会涉及资本运营，只是程度大小的问题。好的资本运作，可以直接加速一家企业的成长速度，强化一家企业的竞争能力。

从 20 世纪 90 年代开始，我国的一些企业或公司开始利用资本运作帮企业实现财富增值，资本运作的魅力实例数据参考如表 4-1 所示。

表 4-1 资本运作的魅力实例数据参考

企业	股值	内容
阿里巴巴	原始股：1 元 现在：161422 元	• 2014 年 9 月 21 日，阿里巴巴的上市不仅造就了马云这个华人首富，还造就了几十位亿万富翁、上千位千万富翁、上万位百万富翁。阿里巴巴上市前注册资本为 1000 万元人民币，阿里巴巴集团于美国时间 2014 年 9 月 19 日在纽约证券交易所上市，确定发行价为每股 68 美元，首日大幅上涨 38.07% 收于 93.89 美元，现股价为 102.94 美元，股本仅为 25.13 亿美元，市值达到 2586.90 亿美元，收益率达百倍以上。相当于当年上市前 1 元原始股，现在变成 161422 元
腾讯	原始股：1 元 现在：14400 元	• 2004 年 6 月 16 日，腾讯上市，造就了 5 位亿万富翁、7 位千万富翁和几百位百万富翁 • 腾讯上市前公司注册资本 6500 万元人民币，2004 年 6 月，腾讯在香港挂牌上市，股票上市票面价值 3.7 港元；第二年，腾讯控股开始发力飙升，当年年底，其股价便收在了 8.30 港元附近，年涨幅达 78.49%；到 2009 年时，腾讯控股以 237% 的年涨幅成功攀上了 100 港元大关，为香港股市所瞩目 • 2012 年 2 月，该股股价已站在了 200 港元之上，此后新高不断。2014 年 3 月，该股股价一举突破 600 港元大关，2014 年 5 月，一股拆为五股，现单股股价为 136 港元，总市值达到 1500 多亿美元。相当于当年上市前投资 1 元原始股，现在变成 14400 元
百度	原始股：1 元 现在：1780 元	• 2005 年 8 月 5 日，百度上市，当天创造了 8 位亿万富翁（包括李彦宏、刘建国、徐勇、梁冬、朱洪波等）、50 位千万富翁、240 位百万富翁。所有股东一夜无眠，彻夜庆贺。百度一位前台小姐的手机被打爆，因为她也随着百度上市成了百万富翁，这在常人眼里几乎是不可能的事情，却真实地发生了 • 百度上市前注册资本为 4520 万美元，2005 年 8 月 5 日，百度成功登陆纳斯达克，股价从发行价 27 美元，一路飙升，开盘价 66 美元，收于 122.54 美元，上涨 95.54 美元 • 首日股价涨幅更是达到 353.85%，现股价为 227.53 美元，增长上百倍，百度现市值近 800 亿美元。相当于当年上市前投资 1 元原始股，现在变成 1780 元
格力电器	原始股：1 元 现：1651.92 元	• 珠海格力电器股份有限公司于 1996 年 11 月 18 日在深圳证券交易所挂牌交易，当时总股本为 7500 万元，每股净资产为 6.18 元，如今股价达到 41.19 元，总市值达到 1238.94 亿元。相当于当年上市前投资 1 元原始股，现在变成 1651.92 元

续表

企业	股值	内容
贵州茅台	原始股：1 元 现在：1095.5 元	• 贵州茅台酒股份有限公司于 2001 年 8 月 27 日在上海证券交易所上市，每股发行价 31.390 元，上市首日开盘价 34.51 元，上市时注册资本为人民币 18500 万元，现今股价 177.47 元，总市值达到 2026.7 亿元，相当于当年上市前 1 元原始股，现在变成 1095.5 元
东阿阿胶	原始股：1 元 现在：416 元	• 1996 年 7 月 29 日“东阿阿胶”A 股股票在深圳挂牌上市，当时注册资本为 6238 万元，股票发行价格为每股 5.28 元，如今股票价格达到 39.48 元，市值更是达到 258.08 亿元。相当于上市前 1 元原始股，现在变成 416 元
海尔电器	原始股：1 元 现在：367 元	• 青岛海尔于 1993 年 11 月 19 日在上海证券交易所挂牌交易，每股实际发行价为 7.38 元，而今股票价格为 20.13 元，青岛海尔上市前注册资本 1.5 亿元，现今市值为 550.93 亿元。相当于当年上市前投资 1 元原始股，现在变成 367 元
五粮液	原始股：1 元 现在：234.4 元	• 宜宾五粮液股份有限公司于 1998 年 3 月 27 日在深圳证券交易所正式挂牌发行，每股发行价为 14.77 元，当时注册资本 36250 万元，现股价 22.49 元，总市值达到 850 亿元，相当于当年上市前 1 元原始股，现在变成 234.4 元

注：表中数据来自当日互联网，实时数据请查阅各企业官方报道

这些公司或企业通过资本运作获得投资，成功上市，将资源价值变现，我们每天通过电视、报刊、互联网的传播看到很多。我们不禁感叹，资本市场倍增的魅力如此巨大。传统行业需要几十年甚至几代人创造的财富，在资本市场中竟然在一夜之间美梦成真。这就是通过资本运作将企业资源价值进行股权融资变现的魅力。

一次，我在给学员讲资本运作时，在课程结束时的提问环节中，有位学员问我：“胡总，我非常赞同您的观点，可是既然资本运作的魅力这么大，为什么我们国内一些优秀的企业如华为、老干妈等不肯上市呢？”

我解释道：“这些优秀的企业不上市，不等于他们没有在企业中运用资本运作。企业上市只是资本运作中的一种。我前面就讲过，企业发展

得越快，越需要进行资源整合。华为创始人任正非和老干妈的创始人陶华碧，他们都是资源整合的高手。”

华为任正非曾经说过如下的一段话。

其实我本身就不是企业家，我已经给你们讲过多次了，我不懂技术，不懂管理，不懂财务。大家就看到坐在车上的是我，没有看到拉车的人，你们动不动就把那个“帽子”扣在我的头上，大家以为“帽子”下面是个真人了，其实未必。

从任正非这番谦虚的话中，我们可以看出，不懂技术和管理的任正非之所以把华为做得这么好，是因为他懂得资源整合。他不懂技术，但他懂得招聘最合适的技术人员；他不懂管理，但他会把华为的管理人员分配到匹配的岗位上。

我们再来看看老干妈的创始人陶华碧的管理工作是怎么做的。

刘涛向《中国经营报》的记者确认称，李辉是李妙行的曾用名，二者为一人。公司目前的股权结构为李贵山持股仍然为49%，陶华碧之前1%的股份转让给了她的小儿子李妙行，李妙行目前的持股比例为51%。对于此次股权变更的原因，刘涛表示“这只是家族企业内部的正常交接和传承”，同时指出陶华碧仍然是“老干妈”公司的董事长和法人代表。目前，李贵山负责销售，李妙行负责生产。

陶华碧在两个儿子的分工方面，显示出她在人力方面的整合能力。李贵山是陶华碧的长子，当过兵，在国企工作过，有营销才能，所以负责销售；小儿子在技术上继承了母亲陶华碧的手艺，负责质量管理。陶华碧对资源整合的能力表现在营销方面。当年她初创业时，做的辣椒酱针对的就是学生市场和过往的司机。为了扩大市场，她曾把辣椒酱免费送给过往的司机，或是让地方上的小卖部先卖掉辣椒酱再收钱。

任正非、陶华碧虽然身处不同行业，但似乎都深谙“做领导，资源整合比能力重要”的道理。

自古以来，企业持续经营发展与扩张，都离不开资本运作，如图 4-1 所示。

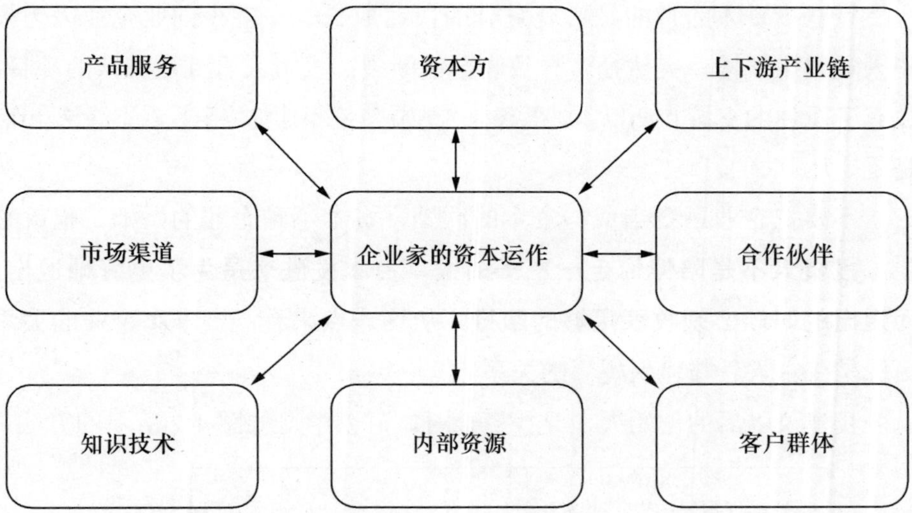

图 4-1　资本运作

企业价值取决于企业利润、企业能够掌握的资源、企业创造财富的能力总和。在新经济时代，技术和商业模式的创新为资源配置提供了多样化的运作方式。如何学习和灵活应用这些新的资本运作方式，直接关系到企业的资源引进速度。

灵活的资本运作，不仅能快速创造企业财富，还能降低企业负担，运用别人的资源为自己创造价值。

别跟资本“结婚”，它不伴你终身

很多创业者在融资时，常常犯一个毛病：总觉得融资是跟投资人“结婚”，一旦“结婚”，就必定是“白首偕老，荣辱与共”。但是，你要搞清楚，投资人是为了实现自己的目的才给你投资的！

有些投资人的目的是赚钱——多少创业者，倒在了长期不赚钱、资本跑路上？你有情怀，有理想，但你交不出投资回报的时候，它会伴你终身吗？

有些投资人的目的是实现资金的快速成长——多少创业企业因为投资人觉得赚钱慢，突然抽资导致资金链断裂；投资人看到更赚钱的项目，放弃了对你的支持！所以，别跟资本“结婚”，它不伴你终身！看不清这一点，是要栽大跟头的。

不要把企业融资当成与资本的联姻，资本不是企业的婚姻。也就是说，**投资人不是陪伴你走一辈子的人，资本投进来是为了更好地退出，而退出的时候必须收获足够的回报**。从这一点来看，资本和企业的关系更像是“主人”与“保姆”的关系。

我建议以后的创始人在寻找资金时，可以学习如图 4-2 所示的方法。

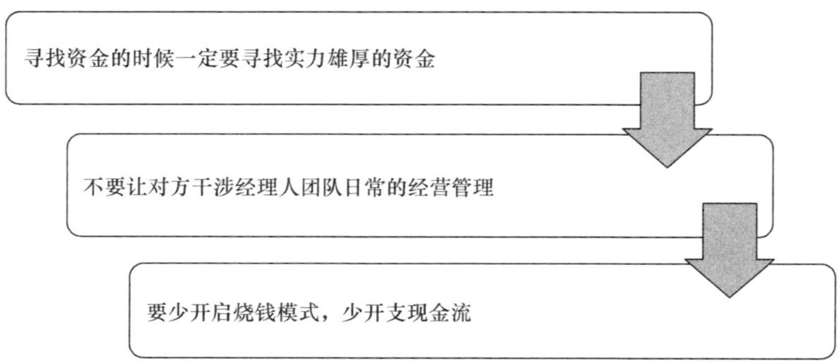

图 4-2 寻找资金要用的方法

企业融资后，能长久地活下去是更值得我们推崇的一种商业模式。

2011年10月5日，就在乔布斯去世的同一天，中华网投资集团（CDC）向亚特兰大法院提交破产申请。CDC是我国第一家赴美纳斯达克上市的互联网公司。

1999年7月13日，纳斯达克的巨幅大屏幕上出现了代码“China”，国内首家互联网公司登陆了纳市。中华网上市打开了中国互联网企业通向纳斯达克之门，当时业界深受鼓舞，后来三大门户也相继上市，这绝对有深远意义。

1994年新华社在香港注册成立全资子公司——中国国际网路传讯有限公司（CIC），20世纪90年代末期，几乎每只科技股都受到市场热捧。决心加入这场盛宴的CIC在1996年成立了中华网公司同时对其进行了一系列业务拓展和资本运作，并“将公司的经营管理交给了投资者信任和选派的市场人士”，决策人是时任中华网执行总裁的叶克勇，他是资本运作的高手。叶克勇将中华网包装成一家集咨询和广告服务于一体的综合性互联网公司，成功拉到美国在线等大股东入股。

2000年，CIC“乘胜追击”再次发放新股，募资3亿美元。同年3月，CIC分拆旗下的门户网站在香港创业板上市，募资1.7亿美元。

中华网公司成功上市并遭受追捧，2000年2月，中华网市值股价一度逾220美元，市值更一度超过50亿美元。

CIC之后，新浪、网易、搜狐等门户网站也相继在纳斯达克上市。不久之后，随着互联网泡沫的破灭，几家门户均处于亏损状态。在困境之下，新浪、网易、搜狐开始确立清晰的盈利模式，新浪坚守广告为核心、网易转攻网游、搜狐注重培养营销团队。而中华网业务发展依然凌乱，没有重点。

2004年分拆上市的计划失败后，CIC依然在孜孜不倦地导演着“收购、分拆上市”的资本故事。

2005年，中华网更名为中华网投资集团（CDC）。

CDC集团在2006年重组完毕，正式划出CDC软件、CDC全球服务、CDC游戏和China.com四块业务。同年11月，CDC集团发售1.68亿美元可换股优先债券，并成功吸引到12家机构投资者购买，其中一家就是Evolution Capital。而外界后来才知晓的是，这其中隐藏了一场“赌局”，CDC发行可转债时与机构投资者签订“对赌协议”，其中一项约定就是CDC集团旗下子公司CDC软件和CDC游戏要在2009年11月13日前完成IPO。

2009年8月，CDC软件在纳斯达克上市，募资5760万美元，但是CDC游戏没有成功上市，CDC集团输了这场“对赌”。2010年，Evolution Capital和CDC集团之间打起了官司，纠缠了一年后，法院判决CDC集团必须向Evolution Capital支付高达6540万美元的赔偿，这直接导致CDC集团申请破产保护。

随着互联网泡沫的破灭，中华网股价便急速下挫并进入漫长衰落期。2011年10月5日，CDC提交破产申请，其当天的股价更是暴跌至每股42美分，此后进入停牌期。

对于CDC的破产，投融圈内的人士众说纷纭，有人把CDC称为“资本概念操作”公司，认为CDC只专注于资本游戏却没有踏踏实实地发展具有竞争力的业务，导致其最终走向了没落。

《沸腾十五年》一书的作者林军认为：CDC能登陆纳斯达克，更重要的是资本的驱动。纵观CDC的发展历程，我们可以发现，其利用资本上市后，一直在不断重复着两件事——收购和分拆上市。虽然说资本为企业的发展提供了机会，但如果企业没有正向发展的核心业务，没有盈利模式，即使有再多的资本，也会破产的。因为这类企业从资本市场上倒腾来的钱，超过了企业自身的价值。

然而，这个世界上不劳而获的金钱和财富是不能长久的。所以，创业者在为企业融资时，万万不可抱着与资本“联姻”的态度去找投资者。

一家没有价值的企业，或许会靠着炒作迷惑一些人来投资，在短时间内引来资金，可如果长时间只“烧钱”不赚钱，就会被资本市场淘汰出局。

好创意，先解决痛点

“胡总，我有一个好创意，虽然前期投入的钱多一点，但我敢保证以后一定会赚大钱的，您有没有兴趣？”

“胡老师，我创业有半年了，但项目还没有落实到位，这半年来，为了宣传该项目，我们光广告费就花了几十万元。”

“胡总，我们的产品现在处于免费试用阶段，我给您寄一些，如果用着好，您再付钱买一套。”

……

类似上面的这种招商、推广产品的微信、电话，我每天能收到很多，但我并没有兴趣去尝试。在我看来，真正好的创意项目，一定是在解决痛点中赚钱。举个如下所述的例子。

“得到”从诞生起就伴随着针对内容付费趋势的争执和讨论。在罗振宇看来，内容付费是一个新兴市场，这个市场到目前为止，只有协作没有竞争。能把握住这轮机会的人，不见得是传统意义上的大V，而是有能力把知识转化成好产品的人，即“知识产品家”。

2015年12月，罗振宇悄无声息地推出了一个付费订阅的内容平台“得到”，在短短不到一年的时间里，平台上推出的几个产品就弄出了一些动静。

罗振宇解决了如何组织知识产品生产、包装、销售的痛点：为有知识不会生产的人提供策划，为会生产不会销售的人提供平台，为会销售没有产品的人提供大V产品——总之，解决了消费者快速寻找有价值知识产品的痛点。

例如，“李翔商业内参”上线仅3个月，已获得7万订阅用户，产生了

1400 万元的营业收入，一年内收入有望突破 2000 万元。

“得到”不是第一个卖知识付费的，很多网校都卖知识，包括新东方。但是“得到”是最早把体系化的教育拆分成碎片来零售的，也是最早做出在线“碎片化零售教育”的。

“得到”不只卖碎片，它还为各种各样的特色碎片提供集中展现的平台，让观点鲜明、标题生动的各种碎片获得了一个传统渠道以外的新渠道。

“段子式知识”“知识生鲜”“碎片化零售”……抓住了这些传统教育触不到的点，“得到”顿时风生水起，这是因为罗振宇抓到了市场的刚需。

现在的罗辑思维既有免费的每天 60 秒的语音和每周 50 分钟的视频，也有收费的图书、“得到”上的收费产品以及最贵的跨年演讲。围绕罗振宇这个 IP，罗辑思维已经把从免费产品到标志性产品的纵深做出来了。

创意，是一个人或一个团队的智慧的结晶。好的创意，做得好了，自有其价值。

重庆有一个叫陈富云的人，他为服装业想到了一个名为“数码试衣”的智能互联化营销模式，帮助其实现“以销定产”，大大降低库存积压，由此引来一家英国风投公司的 2000 万英镑（相当于 2.22 亿元人民币）先期投资。

这个创意好就好在“个性”上，服装厂商按照智能互联化营销模式可以完全不必考虑库存，顾客可以任意为自己选择服装的款型和面料。

顾客下单后，加工厂只需按要求生产。理论上讲，这样制造出来的个性化成衣，每件都只会贴身而不会“撞衫”。

陈富云本专业学的是法律，一直在企业工作。他在 4 年前进入服装行业，就不断听到同行抱怨：“这个季节的款式、型号没选好，积压太多了，赚的钱全是库存。”与此同时，他听到朋友诉苦：“逛了半天，腿都跑痛了，还是没选到称心的衣服。”

“为何全球专家都解决不了这一难题？”陈富云百思不得其解。他委托行业协会调查全球100强服装企业，发现各大品牌没有不积压库存的。他觉得这是服装行业传统的“以产定销”的经营模式无法克服的弊病。

找到了病根，能不能靠“以销定产”的逆向思维来解决这一难题呢？陈富云说，早在2007年年初，他就在谋划如何破解这个难题，并到处寻求具体的技术解决方案。

库存是厂家痛点，衣服不合身是买家痛点。如何利用现有资源解决这个痛点？陈富云几番琢磨后，他终于想到了一个名为“数码试衣”的智能互联化营销模式。

第一，用数码终端，解决客户“不合身、不合心、缺少预览”的痛点

- 在步行街、商场、候机厅、酒店大堂、高档社区、茶楼等处设数码试衣的智能终端机。

- 客户在智能终端机上，两秒后即可完成对人体4800个坐标点的精确测量，提取85个人体数据，做到“尺寸合身”。

- 在终端机数据库中，自由创意组合，设计、选择、修改服装的面料、版型、颜色、款式等，做到“款式合心意”。

- 下单前，客户选好的服装可通过宽6米、高3米的高清晰仿真视频系统，将DIY成果、试穿效果像照镜子一样显示出来，做到“定制前预览”。

- 消费者完成人体测量后，会形成特定编码，身体只要没有什么变化，再次购买衣服时，可固定使用数据，无须在终端机二度购衣或网购时再次测量。

第二，用低占地、零人工、免装修、去库存的方式，解决商家痛点

- 极大节省了店面租金，店面从几十平方米缩小到几平方米，节约了90%的空间。

- 无装修费用，无囤货费用，无员工费用。

- 方式新奇，易于体验，易于快速布局。

陈富云的创意确实解决了很多顾客找不到合适尺码衣服的痛点（如特殊体型、个性需求等），也解决了厂家某种程度上的逆向营销需求。并且，如果配合终端工具或者视频化的动态测量软件的改进，这种线下智能终端还可以迁移到线上，市场潜力是巨大的。

解决痛点的创意，才是好创意。陈富云曾经说过："这个创意中，没有一项技术是我开发的，我的创业计划只是把这些现成的技术、软件整合起来而已。"

在陈富云的例子中，我们看到，他的创意是把测量技术放到终端环境，用测量技术替代了不同尺码的存货，同时以此指导衣服的个性精准定制。

有人说，个性定制会提高制衣成本，会对版型有更高的要求，这不可否认。但是，个性定制也为厂家提供了更多的商业机会。并且，成本也只是从终端场地成本迁移到了个性生产成本上。

当众多厂家还在依赖"按手批货""按码打版"的方式，靠压缩制造成本打价格战的时候，陈富云这种"数码定制""按需制衣"的思维，是很可贵且有实用价值的。

实践中，好的创意还需要好的工业基础的配合。

随着智能生产的进步，自动打版、自动设计、自动配料并不是一件很遥远的事情。例如，思科就有试衣用的仿真显示视频系统，数字化工厂所需的智能排版机、铺布机、验布机、印布机等设备全都实现了国产化。

在这种背景下，陈富云想实现的变化，只是一个时间问题。而拒不改变的企业，迟早会被拥有更加完善的新型模式的企业所取代。

胆略、眼光、运气，一个都不能少

很多学员在微信上向我做过如下咨询。

“胡总，有几个朋友找我合伙创业，我手头倒是有一笔闲散的资金，可是，我担心万一赔钱了怎么办。”

“我早就想辞职创业了，就是害怕创业失败。我目前的工作，虽然吃不饱，但也饿不死，要是创业失败了，我一家人真的就要去喝西北风了。”

“我十年前就想创业，可不知道做什么，听朋友说，现在做哪行都挣不了钱。”

“这几年我运气不好，有好项目也不敢做。”

……

看着这些学员的留言，我还真没办法回答他们。不过，在这里，我想对想创业的年轻人说：**趁着年轻，趁着有干劲，趁着你还有一份激情，如果想做什么，就去试试吧**。

创业，是一个让有志向、有抱负的年轻人听后热血沸腾的话。创业成功，既能实现我们的财务自由，又能实现财富梦想。但做什么事情都有风险，高风险永远和高收益成正比。所谓富贵险中求，讲的就是创业要敢于冒险。

当年，李嘉诚在香港引进塑料花的生产和销售。为解决资金短缺问题，他向银行申请贷款，根据他当时的资信条件，银行给出的是半年12%利率的高利贷。

那时李嘉诚的公司刚刚起步，看不到多么美好的前景，对于这样的高利贷，很多人都劝他不要冒这么大的风险。他却说："商人一定要让生意发展起来，只要新的生意带来的收益比成本高，生意就会越做越大，不去发展新的生意，生意就会越来越小。"

李嘉诚坚决地选择了用银行的高利贷。

由此可见，财富的产生必须经历艰辛的过程。

创业者的性格也对创业的成功与否起决定性作用。研究者称，**创业具有较高成功率的创业者的性格大多数是外向型，创业者对社会资源的整合能力强，并且能够坚定不移地推进业务。同时，敢于冒险的创业者，创业成功率也相对较高。**

我的一个发小，父辈是经营水产品发家的。我小时候，他们家是我们县的首富。发小是名副其实的"富二代"，按父母的意愿，他上不上学都没有关系，早晚是要回家里帮父母经营水产品生意的。

然而，大学毕业后，我的发小在他父母的反对下，坚持自己创业。他跟几个好朋友凑钱办了一个计算机培训班。那是20世纪90年代中期，很多人还不知道计算机是什么。所以，他们的公司从创办之日起就不被人看好。

在创办过程中，跟他合伙的4个朋友先后撤掉资金，只剩他一个人硬撑着。他东借西借，总算是把培训班办了起来。由于人们对计算机了解不多，再加上他请的老师也不太懂电脑，招来的几个学生都要求退学费。那年春节，为了躲债，他不敢回家过年。

第二年，背负着几十万元债务的他，依然坚信计算机这一行能发财。但是他转变了思路，跟省城的一些计算机培训机构对接。经过一番奔波，他终于和省城的一家计算机培训机构签好了协议，对方出资金和老师，他负责招生，赚取的钱四六分成。

他带着几个业务员，四处张贴小广告，并且逢人便讲计算机如何好。

渐渐地，到他这里学计算机的人越来越多。

一年后，他淘到了创业以后的第一桶金。也正是用这笔钱，他开始涉足房地产领域。前几年，他成立的集团公司已在国内小有名气，而他俨然是一位成功的企业家了。

2016年，他特意邀请我到他们集团讲资本运作，我笑着问他："你现在也是业内有名的企业家了，把你的创业经验和秘诀讲给我听，到时我好写成案例，放入我的课件，让大家学习学习。"

他认真地说："好啊，不过，说句实话，我创业到现在，还真是没有什么经验和秘诀，其实就是6个字：眼光、胆略、运气。"

他的话提醒了我，创业的确需要胆略。自古以来，老祖宗就告诉我们小富即安。小时候，父母也常对我们说，有一份收入稳定的工作就不错了。至于开公司、办企业，那是有胆略的人才做的事情。

然而，如果一个人只有胆量而没有长远的眼光，创业也不会成功，充其量只是一个敢于蛮干的实干家。所以，成功的企业家除了胆略，还必须要有眼光，要比一般人看得远，能够看到商机，而且一看一个准。看得准，敢干，并且坚持做下去，自然会大有收获，好运也自然会伴随你。

创业者要想成功，必须要拥有胆略、眼光、运气。这三者同等重要、相辅相成、相鼎而立、互为因果、缺一不可。

企业家是带着使命感去做事情的，他们比一般人更有胆略和激情。我的一位拥有上亿元资产的企业家朋友在向我谈到他的创业经历时说："我在创业过程中三落三起，虽然一次比一次惨，但我心里从来没有放弃过。即使现在，如果让我从头再来，我依然不会退缩。"

如同战场上没有常胜将军一样，商场上也不可能有常胜将军。无数失败者的经验教训表明：**失败不可怕，也不可悲，可怕和可悲的是在败下阵来之后失去了理智，失去了士气，失去了信心，失去了志气，从而**

一“失”再也无法挽回。

行军作战需要胆识，成功创业更需要胆识。只有想法却不敢去实现，终究不会成功；莽撞行事也只会导致失败；有勇有谋才能事半功倍。

在教育发达和信息技术普及的现代社会，大多数人都有一定的“眼光”，但胆略不是人人都具备的。胆略是成功投资的必要因素。如果没有创业的胆略，那就最好不要创业。

在创业初期，选择当企业家需要胆略。你不敢冒风险，就没有机会迈出第一步。在改革开放初期，成功者不是靠训练有素的功夫，而是靠胆量，所以说企业家是因胆而生的。

企业家史玉柱在资产为负数的时候站了起来。他曾经排在福布斯中国富豪第八位，因为冒进，巨人大厦轰然倒塌，一夜之间变成一个负债2.5亿元的“失败者”。当讨债人蜂拥而至时，史玉柱庄重承诺：“欠老百姓的钱一定要还。”

也正是出于这种“还债”的动力，凭着这种信念和责任，他不言败，不气馁，靠着借朋友的50万元，“杀”回保健品行业。两年后，史玉柱终于东山再起，赚钱后的第一件事情就是还债。

史玉柱第二次创业成功后，他再接再厉，这个被誉为中国“最著名的失败者”，从失败的境地又迈上新的台阶。他现在有超过500亿元的财富，短短十年，他就创造了中国的商业神话。目前，史玉柱专注于网络游戏行业。不论以后是成功还是失败，他身上折射出的不畏艰难、坚韧不拔、执着热情的创业精神都是我们这个时代所需要的。

有人说，现在国内的企业家大多是在资本的助力下获得成功的，成功是因为他们运气好。此话有一定的道理，但是，如果他们没有足够的胆量去创业，没有眼光去发现商机，即便运气再好，也只会成为发一点小财的生意人。

一般来说，企业家和商人、生意人的最大区别在于：企业家是屡败屡战，直至成功的。企业家的胆识需要智慧来陪伴。而决定一家企业能走多远的重要因素是企业家有无独到的眼光。**在企业的发展初期，企业家的眼光主要表现在能否洞察未来、富有远见，能否在纷繁的信息中敏锐地判断出商业机会；在企业的成熟时期，企业家的眼光主要表现在慧眼识珠的看人能力上**。眼光是一种奇妙的东西，它与知识、智慧、才能、聪明有联系，但不等同。上帝不创造完人，一个人不可能既拥有胆略，又拥有渊博的学识。优秀的企业家不需要太多的知识，正如克劳塞维茨所说："杰出的统帅从来不是来自知识渊博的军官。"**独到眼光的背后是独特的思维方式，思维方式的背后是天生的直觉和升华了的经验，这种直觉和经验作为企业家的独特技能，别人是无法模仿的。**

你的心有多高，舞台就有多大；你的格局有多大，未来就有多宽广！放大你的格局，你的人生将不可思议！

企业家获取成功，有一项极少被谈到的因素，那就是运气。运气不好经常成为失败的理由；但谈到成功，不少人拒绝承认其中包含运气的成分。但凡成熟的企业家在被问及事业成功的原因时，都会将其归结于运气，这当中既有谦虚的成分，也确实是必然。

运气不是孤立存在的，它和胆量、眼光密切相关。**正确的做法是把运气看作机遇，运气好就是当机会出现时能一把抓住**。最值得称赞的是自己创造时机，正如著名冰球运动员格蕾茨基所说："我滑向我认为冰球可能出现的地方。"延伸到商业中，就是要依靠眼光，做出预判。机会只属于有准备的人。精准的眼光可以帮助你在运气到来之前，早做筹谋。等风起时，扶摇直上。

成就一位企业家的外界因素成千上万，但我认为，每位成功者都有独特、不可复制的成功因素，单去解读个例并无意义。唯有那些被成千上万的成功企业家都认同的客观因素，才是普世真理。哲学的意义在于把表象和本质区别开来，透过现象看本质。从本质上看，成就一位企业家有三大要素——胆量、眼光和运气：没有胆量，眼光和运气就无从谈起；没有眼光，胆量就会演变成鲁莽；没有运气，胆量和眼光就成了壮烈的“怀才不遇”。

企业想值钱，先要抓痛点

有一次，我在师董会讲课时，有位学员问我："胡总，您说什么样的产品能卖上价？"

我说："当然是能够抓住客户痛点的产品了。"

他想了想，问道："您说的是那种能让客户心痛的产品，自然是要定价高了。客户一听价格高，不都心痛吗？"

他的话引来学员的笑声。

我等他们笑完了，解释道："我这里说的痛点，是指客户的刚需，如房子。对于一对即将结婚的新人来说，房子就是刚需。这就是房价居高不下的原因。虽说也可以租房结婚，但更多的人还是希望在属于自己的房子里结婚的。如果您的产品触到了客户这样的痛点，产品价格高又何妨？"

听了我的话，学员们陷入沉思。

在这里，我来详细地讲一讲，什么叫痛点？我认为，商品也好，产品也好，必须持续提供价值。当然，这个痛点并不是我掐了一下你的胳膊，你感觉到痛了，而是让客户感觉到你的产品有价值，他非常需要，甚至除了你的产品，其他产品都满足不了他的需要。目前，市场上有的产品具有痒点、兴奋点、痛点 3 个特征，如图 4-3 所示。

有人来我们杉杉投资时，作为投资方的我们，第一句话就是："你们的产品能给顾客带来什么价值？"所以，创业者在创业前要明白产品的价值。说实话，你的产品价格高没问题，只要能够满足客户强烈的刚性需求，你的产品即使贵一点也是可以被接受的。

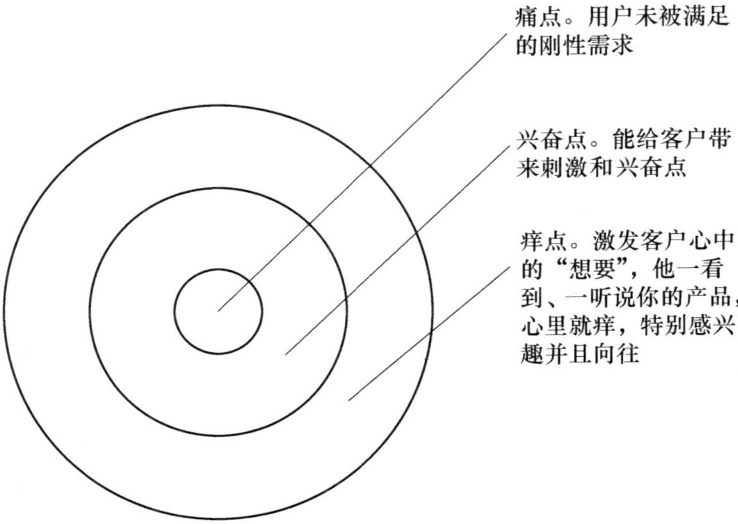

图 4-3　产品的 3 个特征

例如，王老吉通过广告词“怕上火，喝王老吉”，抓住了消费者的痛点，瞄准了中国人普遍的痛——上火。

以前，广东有那么多百年凉茶，王老吉并不排名第一，王老吉做了那么久的凉茶，在加多宝做营销之前，也没有多火。

是凉茶没抓住痛点吗？显然不是。

在产品上抓痛点，不仅仅是从功能上抓，还要从认知上抓。产品的传播、产品的渠道……如果没有打通这些营销环节、认知推广，你没能把产品解决的痛点告诉用户，在用户心中，你就没解决痛点——哪怕产品本身就是针对某个痛点研发的。

痛点，是可以被创造、被升级、被专业细分的。

灯泡的诞生、电池的诞生、汽车的诞生……从无到有，解决了照明、移动用电、交通的刚需，这都属于痛点的创造。

寻呼机向手机转型，胶卷相机向数码相机转型、街头打车变成了 App

打车……把“能用”变成了“易用”，提高这些痛点的解决效率，这都属于痛点的升级。

同样是护肤品，有的注重补水，有的注重嫩白，有的注重光滑，有的注重防晒，这都属于痛点的专业细分。

大多数时候，痛都是很直接的产品功能，这样的例子比较多。

充电五分钟，通话两小时——OPPO 手机；
困了，累了，喝红牛——红牛；
怕上火，喝王老吉——王老吉。
这一类痛点广告，痛点直接捆绑产品，直白有效。

但有的时候，痛点可能与产品功能无关，而是客户的心理刚需。

第一种：信任

“炮制虽繁必不敢省人工，品味虽贵必不敢减物力。”这是中华老字号同仁堂的一副对联，也是同仁堂的传家古训。虽然它不像药剂那样用鲜明的功效解决痛点，却用企业的信念，与追逐利益、泯灭良知的许多医药乱象、劣质保健品形成了鲜明的对比，解决了人们“放心用药”的信任痛点。和产品解决的疗效痛点相比，同仁堂更加看重的是作为医药企业的“医德”，把“信誉”作为第一刚需。

再如沃尔沃汽车，被公认是世界上“最安全的汽车”。虽然安全受到客观环境的影响，但是沃尔沃追求安全、保护用户的品牌理念铸就了人们对沃尔沃的品牌印象。

这一类痛点的解决，往往是针对人们在信任上的需求，并以品牌形象满足用户。

第二种：共鸣

无论是耐克的“Just do it”（想做就做），还是李宁的“一切皆有可能”（Anything is possible），抓住的都是年轻人心理上的共鸣，与此类似的还有百事可乐饮料等。

这一类痛点，抓住的是人们的情感刚需，通过文化来满足用户的自我标榜，满足用户对品牌的认同。

痛点并不局限于产品，它可能存在于商业的任何一个环节。

痛点一：营销上的痛点

“双 11”购物狂欢节——抄底价，买买买。“双 11”不过瘾？那就再来个“双 12”……如果“双 11”“双 12”还没掏空你的钱包，还有春节大促、暑期学生大促、五一、十一、中秋等各种节日外加全年各月的 8 日、18 日……总之，就是给促销找一个爆发点。

痛点二：信任上的痛点

刷好评、刷单、刷晒单分享——这些往往是客户在 App 上选择服务商的第一标准。

痛点三：物流上的痛点

包邮、顺丰包邮、京东 1 小时直达、同城闪送……充分解决时间效率、运送质量上的各种问题。紧紧抓住那些“急需产品，马上要用”的用户的紧迫感痛点。

痛点四：服务上的痛点

“七天无理由退换货”“三个月包换，一年包修”……充分解决了用户对产品后续服务的潜在需求。

痛点五：咨询上的痛点

“365天×24小时客服”“1分钟响应”“产品使用视频教程”，外加一个懂技术、懂产品参数、懂工艺流程、懂产品使用技巧等的超级客服。你是选择这家店，还是选择另一家虽在销售同款的产品，却无人应答咨询的店？

我们看到，从产品到品牌、从营销到物流、从服务到咨询……痛点无处不在，抓住了痛点，你的产品才能得到客户的认可，才能超越同行，才能赢得竞争。

有痛点，就有伪痛点。

有人讲共享单车上了风口，那么共享汽车就也要上风口，所以涌现出EZZY等一批效仿共享单车模式的共享汽车，停靠在街头等待刷码共享……但这其实是一个伪痛点！

共享单车解决了短途出行缺乏匹配的交通工具的痛点。

这类街头租赁式的共享汽车解决了什么痛点？长途出行的交通工具吗？不是的。长途有飞机火车，中途有出租车、公交车、地铁。另外，还有更完善的汽车租赁业，日常使用还可以自己买辆车。市场从来不缺少交通工具。共享汽车解决的痛点在哪里？

如果看不清痛点和伪痛点，创业是会栽跟头的。

绝不要把“免费”当成“痛点”。

“世上没有免费的午餐。”互联网的先流量后收益模式，让很多人看到“烧钱引流”“免费开路”的新玩法。不少人误以为“免费”就是痛点。最后，很多项目凭借“免费”轰轰烈烈地崛起，最后因为“免费”不赚钱而倒下。免费的目的只是快速跑马圈地，吸引别人认同你的商业模式，而不是彻头彻尾地白白付出不求回报。

企业要生存，一定要有清晰的盈利点。无论是用户买单、商户买单，还是其他人买单……满足痛点、创造价值、获取合理的回报，都是生存的基础。免费是一个快速体验、快速引流的短期手段，却不是可长期使用的商业模式。

有人问，很多互联网平台前期都在免费并不赚钱，为什么公司还那么值钱？

单看现金流，很多“免费”的企业并不盈利，甚至光看账面还是亏损的。但是综合去看价值，就会发现：这些企业的“免费”虽然没有赚来现金，却赚来了能够创造现金收益的“价值源泉”——用户、资源、合作伙伴、商机……有了这些，就能源源不断地创造利润，当然就增加了企业价值。

2016年，我创办了师董会，师董会是一个集合了大量优秀企业家的平台。通过帮助中小企业解答成长疑问，帮助中小企业获得投资机会、孵化机会、上市机会来提高中小企业的价值，解决了中小企业发展中战略迷茫、资源匮乏、商脉短缺的痛点。它值不值钱？

平台搭建起来一年后，数百位导师、数千名企业家会员、数十万在线会员相继加入。这些人可以通过师董会这一平台，分享好的创业想法，组建好的投资和创业团队，孵化出很多优秀的项目，最终诞生出众多“值钱的大企业”。这样的创业平台，它值不值钱？

师董会把企业家的商业智慧做成可以共享的产品，把各种社会资源的使用权做成可以流通的产品，把有潜力、有价值的投资项目做成可以投资的产品。这些产品卖出去，创不创造利润？它值不值钱？

第五章

进阶商业领袖之合伙人篇

聚集优秀的合伙人

创业，需要好的合伙人。

师董会有很多优秀的企业家，他们创业初期是和一群志同道合的人共同打拼的。为此，一位至今还与合伙人创办公司的企业家说道：“我认为选择一个志同道合的人和自己一起创业，一方面有利于资金的周转；另一方面能结合两个人的想法、创意、资源，对公司的发展是非常有帮助的。”

我非常赞同上面这位企业家说的话。的确，对于初期创业的创业者来说，没有经验，没有资金，仅凭一股子激情和冲劲，单打独斗是很难成功的。

俗话说，滴水不成海，独木难成林。在今天这个竞争激烈的社会，我们要想立足，必须要有竞争力。而一个人的力量是单薄的，一个人无论如何努力，也只是大千世界的一片树叶，必须要有别人的帮助和支持，才有可能成就一番事业。

每个人受性格的影响、精力的限制，优势与短板有所不同。现代企业的竞争是团队与团队之间的对决，选择优势互补的合伙人，对公司的均衡成长有着至关重要的作用。

创业没有任何捷径可走，但通过合作，可以避免一些不必要的麻烦，解决一些自己没办法解决的问题；除此之外，合作会让你的价值更大。

举一个马云和蔡崇信的例子。马云的人品让蔡崇信甘愿放弃百万年薪，尽管面对家人的不理解，他依然坚持跟着马云创业。而蔡崇信之所以愿意跟马云合作，是因为他们有共同的梦想，他们选择的创业之路是对的。2015 年，蔡崇信以 59 亿美元名列福布斯全球富豪榜第 248 位。蔡崇信今天所获得的掌声与鲜花，与马云分不开。志同道合的合伙人，是相互成就的。

走在一条路上的合伙人，合作才会有成效。

为什么很多合伙人最终都失败了？说到底，是因为他们没有碰到志同道合的合伙人，一旦有了利益冲突，就会变得自私。

每个人的内心都有一杆天秤，会计较自己的得失。如果合伙人之间只要觉得自己吃了亏，就会翻脸，说明双方没有走在同一条道路上。道不同不相为谋，志不同不相为友。朋友相交，讲的是“义”字，即相互理解，相互扶持，不求回报；生意经营，讲求的是规则有序、赏罚有道、分利合理、上下协调。

很多合伙人能坚持下去，实际上是因为非常认同公司的未来和愿景，即使有时受一些委屈也会吞下去。由此来看，创业者在挑选合伙人时，可以围绕激情、专业、互补 3 个关键词来找，如表 5-1 所示。

表 5-1　创业者挑选合伙人的 3 个关键词

激情	马云说：“创业需要激情，但是只有短暂的激情还远远不够，它需要持久支持着创业者的灵魂。”	• 雷军开始做小米手机时已经年近 40 岁，他组建了一支来自谷歌、微软、金山软件、摩托罗拉等一流企业的精英团队。团队成员是在雷军的感召下满怀激情而来，他们深知，在竞争残酷的手机市场，商业模式和资金固然重要，但如果没有大家的这股创业激情，雷军是难以把一批已经功成名就的大咖拉到企业中来的，更别说在短短 5 年内就实现了小米 450 亿美元的估值
专业	专业能力是一个创业团队实干的基础，没有专业能力，是无法把产品做到极致的	• 复星集团的人才观是“我们在评价一个人的时候，最重要的是要看他的能力，我们永远要和有能力的人站在一起。在有能力的人中，要通过合理的激励把他们变成自己人。”在决策中，复星集团提倡“最专业的事由最专业的人来决策”，正是复星集团的这种经营宗旨，才让其产业稳步扩张、步步为营。如果缺少对专业性的尊重，每个人都可能成为团队的能力瓶颈，特别是领队的能力瓶颈会成为整个企业发展的天花板

续表

互补	初创公司的合伙人以互补型为佳	• 马云虽然不懂技术，但他的过人之处是他的领袖气质：独特的思维模式，能够做出富有战略远见的决策和企业布局；超凡的语言天赋和沟通能力，能够获得身边各种人才和资源的拥趸与支持。而 17 位追随他的人不乏技术高手、市场高手、运营高手，这就是阿里巴巴团队中的合伙人的互补。正是在其他合伙人的专业和能力互补之下，才有了今天的阿里巴巴 • 合伙人之间要传播正能量，要能够相互补充，尽量不要选择优势重叠的合伙人，一是会产生资源上的浪费与重叠；二是容易在同一专业领域引起分歧

利益公平，用好股权的“金手铐”

选择了好的合伙人，还要为合伙人立下规矩。这个规矩就是股份的羁绊。俗话说，无规矩不成方圆。由于创业是一个不断犯错、不断试错、不断改错的过程，这就要求合伙人具备勇于承担责任的品质，这是因为在创业的过程中，团队里的每个人都会犯错。所以，合伙人在公司初创时就应该立下规矩，如表 5-2 所示。

表 5-2　合伙人之间达成规矩

股权合理	• 亲兄弟，明算账。合伙人合作得再好，也要把你们之间的股权进行合理分配 • 一般来说，最佳股权结构是一人持最大股，最大股东的股权甚至可以超过 50%，这么做是为以后引入战略投资者预留足够的股份空间。除此之外，还要赋予最大股东最终决策权 • 股权来自股东为公司做出的贡献，也应以贡献比例保持调整，这可以实现约定股权回购机制，对长期不做出贡献的股东进行股权回购，对发挥突出贡献的股东进行股权奖励 • 如果股权与贡献不匹配，会导致合伙人之间因利益分配不合理而产生矛盾，长此以往，会挫伤贡献突出者的积极性，滋养寄生者的惰性，最终导致公司分崩离析
分工明确	• 尊重合伙人的专业之处，不要因股权大而“一言堂”，要聚焦自身优势领域，将短板交托值得信任的合伙人 • 盲目地“以权压人”，不仅不利于科学决策，还会为合伙人之间产生矛盾埋下隐患
退出机制	• 合伙人取得股权，是因为合伙人长期看好公司的发展前景，愿意长期参与创业。所以，合伙人早期拼凑的少量资金，不能成为合伙人所持大量股权的真实价格。公司股权的主要价格应该是所有合伙人与公司长期绑定，如 4 年，合伙人通过长期服务公司来赚取股权 • 之所以要制定这种机制，是因为事先不设定退出机制，允许中途退出的合伙人带走股权，是对其他长期参与创业的合伙人极大的不公平，会让其他合伙人没有安全感
退出机制	• 一般来说，股权的退出有以下几种方式：在一定的期限内，如一年之内，约定股权是由创始股东代持的；约定合伙人的股权和服务期限挂钩，股权分期成熟，如 4 年；股东中途退出，公司或其他合伙人有权回购离职合伙人的未成熟甚至已成熟的股权；对于离职不交出股权的行为，为避免司法执行的不确定性，对离职但不退股的合伙人处以高额的违约金

续表

角色定位	• 每个合伙人应该是多重角色的综合体，既是利益上的股东，又是公司的运营者，还是业务的贡献者，同时又是文化的传承者……无论创始企业内部是一股独大，还是股权均等，都可能经历从小企业走向大企业、从大企业走向大家企业的过程 • 当业绩波动、核心人员流动需要刹车时，一支有文化底蕴的团队才不会出现倾覆性的局面。在文化的引领和护航下，公司运营实现的是创业团队的使命传承，让一个创业项目变成一家商业公司，并让一家有组织的商业公司演变成一家有生机、有激情、有使命的社会企业，这才是合伙人机制之于创业者的威力和魅力

说到合伙创业，新东方的创始人俞敏洪说："合伙人创业一定要把利益提前分配好。"的确如此，我们选择创业，一半是为了梦想，另一半也是为了多赚点钱。这两者并不冲突。所以，创业合伙人除了互相认同创业理念外，还主要是因为资金走到了一起。这样的合伙人在创业之初可以有更充足的资金，一旦出现利益分配不均的问题，创业目的就会背道而驰。

天下熙熙，皆为利来；天下攘攘，皆为利往。创业公司分手的演进其实并没有明显的轨迹，更多牵扯到的是人性。最初或许是兴趣使然，一拍即合，从来没有想到过会有后面那么多利益纠纷。所以，在真金白银面前，有些人就抵不住诱惑了。

我们每个人都会以自己的标尺衡量所谓的公平，殊不知，为了所谓的公平跟合伙人"较真儿"，势必会一事无成。

古话说：财聚人散，财散人聚；财散人散，财聚人聚。讲的就是团体、组织、个人的财富和权力的分配对团体凝聚力的影响。在一个群体中，只有尽量公平合理地分配大家一起挣来的财富并满足个人的需求，大家才会对这个集体充满依赖感、归属感以及忠诚度，这个集体也才有战斗力和凝聚力，才能扩展更大的疆域，做更大的事情。如果掌权人使财富过于集中，而忽视个体的需求，那么这个集体就会涣散。

"真功夫"三年内斗，其实就是因为利益分配不均而导致的。尽管"真功夫”的业务不断发展，店面不断增加，但创始人、大股东之间的矛盾一天得不到妥善解决，“真功夫”就一天不能获得稳定的发展。

对广大老板来说，要聘请一个人做你们的高层经理，就要让这些相关的管理人员成为你的事业合伙人。这样，你就不会把他们当成打工的，而是让他们看到跟你合伙能有长远的利益，你可以用股权的方式稳固住既得利益。

我建议创业者，在创业的过程中，要放开胸怀，让高层管理人员、经营人员成为自己的事业合伙人。

杉杉所有的公司高层管理人员，尤其是一线的业务老总都持有企业相应比例的股权。这么做一方面是考虑到眼前的奖金工资；另一方面是考虑到分红分配。这种制度，能确保杉杉不断地引进优秀的职业经理人，使之成为公司的事业合伙人。这也促使杉杉企业广泛涉足服装、新能源、新材料、金融服务业等，企业跨度非常大。

这是因为杉杉集团用事业合伙人这样的机制，让各行业最优秀的人才能够全身心地加入杉杉这个大家庭，实现了术业有专攻。

我经常跟我的同事们讲，只要在岗一天，就一定要把公司的事情当作自己的事情，如果你没有把这个当成自己的事情，那么公司也不会把你当成自己人。任何事情都是相辅相成的，只有两个巴掌才能拍得响，在这里我与大家共勉。

不管是创业者合伙，还是公司老板与职业经理人合伙，都一定要重用公司中有实战经验的、做出贡献的、有高尚情操的公司高层管理人员，让他们成为你的左膀右臂，把大家的积极性调动起来，让他们持续地为企业贡献力量，把企业的平台当作他们自己事业的平台，把公司的事当作自己的事，这无论对公司还是个人，都是有很大的好处的。

找对合伙人，走好合伙路

在我们师董会，一位“海归”回国后与人合伙创业，其公司在不到五年的时间里，就在众多科技型中小企业中崭露头角，走上了发展壮大之路，成为行业中的佼佼者。

有一次，他跟学员分享他的创业经历。有位学员问他：“您创业成功的关键因素是什么？”

他说：“找对了合伙人。”

“您的合伙人跟您一样是海归吗？”学员又问，“您与合伙人在创业过程中配合得这么默契，是不是在性格、才华方面都很相似？”

他笑了，摇摇头，说道：“我认为，找合伙人不要找跟自己性格、才华、专业相同的人，而是要找互补型的人，这样在合作中更容易沟通。”

“这样不是更容易引起沟通不畅吗？”有学员问，“例如，您不懂他的专业，自然不懂他的话，能有共同话题吗？”

他说：“恰好相反，正因为我们两个人彼此不懂对方的专业，才会带着欣赏的眼光看待对方，并且认真分析对方说的话，从而认识到自己身上的不足。”

创业合伙，一定要找到与自己性格互补、互相欣赏的合伙人，这有两点好处。

第一，识人先识己

与对方的交往，可以让你认识到自己的不足。在认识别人前，先认识自己，正视自己的短板，会让自己成长得更快。

第二，找对眼的人

在企业没有强大之前，只能用互相看对眼的人才，不要追求人才的背景，创业需要眼光和心胸，才华够用就可以了。

实际上，创业成功并不是一件特别难的事情。我们除了要发挥自身的一技之长外，还要再寻找几位能力和资源互补的合伙人，大家齐心协力，心往一处想，劲往一处使，要成功是很容易的。例如，如果你自身拥有极强的沟通能力和资源整合能力，就应该找一些营销高手、技术牛人、产品专家；如果你自身就是产品专家，就应该找擅长营销和擅长技术的合伙人加盟……这样的合作就是互补。

1930 年秋，在斯坦福大学入学注册时，比尔 · 休利特结识了戴维 · 帕卡德。在斯坦福两人都参加了新生橄榄球赛，他们通过场上的呼喊声知道了对方的名字。

在休利特眼里，个子高高的帕卡德无疑是个巨人，面对这样的竞争对手，他感到自己入选球队的希望十分渺茫。帕卡德如果知道休利特也是来参加选拔赛的话，可能会想："这肯定是一个狂傲自大的小个子，这么矮还能参加这种级别的比赛，根本不是我的对手。"

可是，那天的情况却使大个子帕卡德牢牢地记住了顽强拼搏的小个子休利特，并且深深记住了这个志同道合的小个子。

那天的比赛结果是帕卡德成功进入了橄榄球队，而休利特没有入选！两个人非常难过。值得庆幸的是，休利特和帕卡德就是在橄榄球场上，成了非常要好的"性格互补"的朋友。

1938 年夏，在老师特曼的帮助下，帕卡德和休利特利用特曼借来的 538 美元，在车库开始着手创办惠普公司。他俩拥有的车库，只能存放一辆汽车。

房间虽然很小，却成了他们最早的车间。当时，他们的工具简陋得不能再简陋了，只有一个工作台、一套老虎钳、一台钻床、一把螺丝刀、一把锉刀、一只烙铁、一把钢锯以及一些在外面买来的元件。

帕卡德精通生产工艺，并且经验丰富；而休利特擅长电路技术。两人由于在技术上互补，非常适合于生产和设计电子产品。他们合作得非常顺利。直到1940年，他们二人才从这间车库中搬出来。

硅谷车库创业模式、共同创业模式，以及独具一格的“惠普之道”管理模式，后来成为成就硅谷高科技产业辉煌的精神核心。两人决定用抛硬币方式决定各自姓氏在公司名称中的前后顺序，结果休利特获胜，公司名称因此被命名为“Hewlett-Packard”（简写为HP，即今天的惠普公司）。自惠普创建到1977年，该公司的日常运营由帕卡德和休利特两人一起负责。

惠普公司第一年的收入为5369美元，利润为1563美元。看上去虽然利润不多，但公司已经稳定起步。从此以后，惠普公司每年都在盈利，从未亏损，成为企业界的奇迹。

1987年，这间车库被官方正式评定为加利福尼亚州发展史上里程碑式的建筑物，成了名扬四海的“硅谷诞生地”。帕卡德和休利特两人近半个世纪的合作关系被视为创业的经典，他们所倡导的“惠普之道”也被列为美国最佳的企业管理方式。

由此看来，好的合伙人的性格要互补而不是排他，彼此之间的认同感也是非常重要的。除此以外，创业者在创业前要有清晰的定位，认清自己要做什么，怎么去做；同时还要理清自己有什么，还缺什么。有针对性地寻找合伙人，才能在正确的时间遇到正确的人。

一般来说，创业公司的合伙人分手不外乎两个原因。

第一，合伙人的基因不对

这里说的基因不是指性格问题，而是指两个人在志气上要差不多。例如，两个合伙人，一个想把创办公司当成事业去做，以公司发展为目标；另一个却只想着赚钱，一看到钱分少了，就心生怨念。

第二，创始人缺乏智慧和成熟度

很多企业家很能干，时间长了就会以自我为中心，很少考虑其他事情，这时就要考虑智慧或者成熟度两个词。

成熟度是指 CEO 要放弃一些短期利益，能让利的就让利。成熟度高的 CEO 通常能驾驭各种各样的人，不管是不羁的合伙人，还是科研型的合伙人，都能驾驭，他能看透人的本质需求。

每家公司都有各自的特性，或侧重产品，或侧重技术，或侧重资本，选择合伙人不可避免地要考虑这方面的互补和侧重，根据角色的重要性给予相应的股权分配。

第一，有共同的信仰

一定要找跟你有共同价值观、文化、梦想的联合创始人，这样才能够把企业经营得长远。成功的企业一定是拥有怀着共同信仰的一批人，他们可能是同学、同事或者同乡，因为这种地缘关系、社群关系而产生了很强的信任。例如，美团的合伙人就是大学上下铺的兄弟三次联合，第三次终于熬成了正果。不同企业的创始人在创业时，可能抱着不同的价值观、文化和使命，有的是想通过创业解决个人的生活问题，有的是想用创业的方式影响和改变世界。如果这两类人在一起创业，由于信仰和价值观不完全趋同，未来走向分手的可能性会很大。

第二，能力的差异互补

很多创始人喜欢找自己曾经单位的同事，这其实是不对的。你要找跟你能力差异互补的人，而不是能力完全相同的人。因为那样会产生竞争、分歧和矛盾。有人擅长营销，有人擅长技术，有人擅长产品，这就是能力的差异互补。

第三，谈好规则，定好规则

很多创业团队一开始是兄弟式合伙，并没有谈股权、职位、利益，但是以后会出现两种最容易崩盘的情况：一种是做得特别好，股份特别值钱，容易出问题；另一种是做得不好，大家容易相互推卸责任。所以定好规则是非常重要的，尤其要定好如何合伙。要在合伙时把退出条款、条例设计好，仿照现代企业制度制定好合伙规则。很多投资机构对合伙创业有些忌讳，对股份特别平均的企业，他们是不太会投资的。所以我建议，如果是两个或者三个人创业，创始人的相对股份要比其他两个人的高很多。

第四，分好名利

哪个人出来站台，哪个人重点抓内务，这都要分清楚。怕的是企业的所有创始人都出来站台，也怕所有合伙人都不出来站台。

第五，包容忍让

既然我们有缘一起合伙，这就不是一个完全自己能说了算的组织，合伙人之间要有一个相互约束的机制。这个时候，联合创始人一定要切记，**不能拿着放大镜到自己身上找优点，或拿着显微镜到别人身上找缺点，而是应该相互忍让，合伙人应该看到别人身上的优点，也应该看到自己的缺点**。所有的合作，包括合伙创业，其实都不大可能是强强联合，而是弱弱合作，当你和别人合作的时候，一定要承认，别人身上有你不具备的能力。

如何玩好众筹

创业社会化是一种趋势，一个人往往势单力薄，几个人在一起会更有利于筹集创业资金。另外，合伙创业不但能有效筹集资金，还可以充分发挥人才的作用，有利于对各种资源的利用与整合。对于资金力量不够雄厚的创业者来说，这种合伙经营的方式还会有效地分解风险。如果创业不成功，由此带来的风险会由几个人共同分担，相对一个创业者来说，个人的损失要小得多。

2014 年，听过我课的一位学员找我请教："胡总，我的家族企业是做五金批发的，而我的兴趣点是开餐饮店。因为我没有经验，家里不支持，我手头又没有资金，所以，这个创业梦一直是虚无缥缈的。自从听您讲了股权众筹后，我感觉我的创业梦想能实现了。可我听说很多人在平台众筹时上过当，老师，您能帮我支个招吗？"

我笑着说："股权众筹，跟合伙创业有点相似，只不过股权众筹的面要大一点，面对的是一群素不相识的人，因为他们跟你有着共同的创业梦想，才心甘情愿地出钱、出点子。所以，我的建议是，如果你觉得利用平台有风险，不妨在微信朋友圈发起'众筹'，在筹钱的同时也筹智。"

在我的建议下，他在微信朋友圈发起了一个"筹智筹钱"的研讨会。很快就有 100 多个人响应，经过筛选，他初步确定了 30 个人，并相约见面谈论创业一事。

这 30 个人大多是来自各个行业的创业者、主要负责人以及和他有同样创业想法的人。几天后，在大家的帮助下，他不仅筹到了创业原始的本金，还结识了一些在企业担任高管的朋友。这些朋友中有的在企业的整体管理、公司文化方面对他加以指导，做过财务管理的人给他讲解财务知识，有的则针对不同的客源制定了不同的方案。

半个月后，他们的实体店开业了。当然，参与筹划、出钱的人也都拿到了股份。

到目前为止，他们的店每年都有盈利，股东年底也有分红，他们正计划着开分店呢。

股权众筹对企业最大的好处是能够降低创业者的创业门槛，使它们获得急需的创业资源，甚至是团队的全力支持，即用你的点子，为企业筹钱、筹智。因为大家都入了股，相当于都是企业的主人，所以在经营企业时，他们就会百分百地投入。一旦周围的亲戚和朋友有需要，会立刻先介绍他们用你的产品，这样也算是为企业开拓了市场。

为不同的创业者和企业家提供互相沟通的桥梁和渠道，让他们互通信息，发挥各自的优势资源，互相合作，共同创业，这是众筹最重要的平台。

股权众筹，实际上是指公司出让一定比例的股份，吸引多方投资，均摊风险，共同出力，分享回报。投资者通过出资入股公司，以获得未来收益。基于互联网渠道而进行股权众筹的融资模式也被称作网络众筹。股权众筹从是否担保来看，分为两类：无担保股权众筹和有担保股权众筹。

无担保股权众筹，是指投资人在进行众筹投资的过程中没有第三方的公司提供相关权益问题的担保责任。到目前为止，国内基本上都是无担保股权众筹。少数担保型股权众筹往往设置了时间期限。

不可否认，股权众筹作为一种简单易行的融资模式，为初创期的创业者提供了较为宽泛的融资方式，并以其来源广泛、形式灵活的特点，为初创企业提供了快速、互补的助力机制。

从专业的角度来看，网络众筹是互联网金融与股权融资结合的创新分支，通过网络的信息传播、股权众筹得以快速传播展现，并匹配到更多、更广泛的参与人群，这使得网络众筹模式成为当下最火爆的众筹方式之一。

在“大众创业，万众创新”的浪潮下，众筹为中小微企业尤其是初创型企业的融资难的问题提供了破解途径，也为普通民众增加了更多元化的增值渠道。一般来说，股权众筹给企业带来的优势如图 5-1 所示。

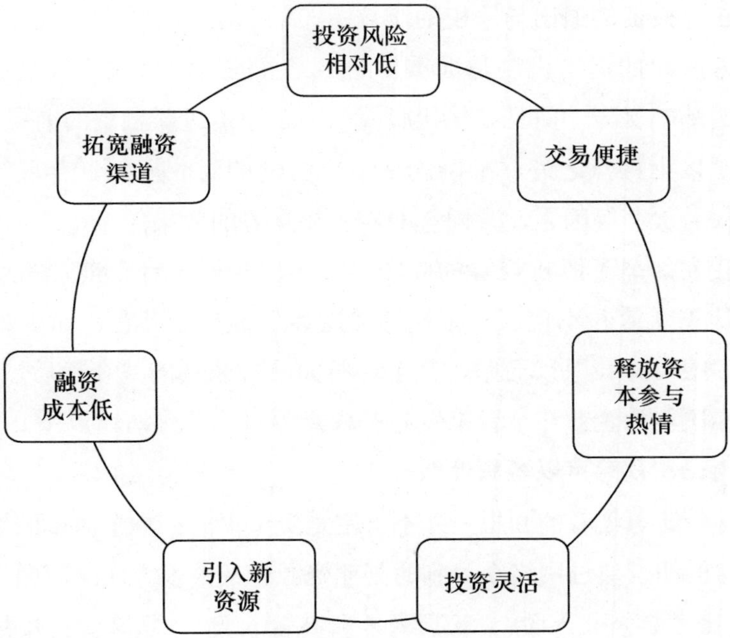

图 5-1　股权众筹的优势

股权众筹在带来迅捷和便利的同时，也需要注意以下几个方面的潜在风险。

其一，信息不对称

在很多股权众筹（主要是网络众筹平台）机制中，众筹方缺乏对公司运行情况进行清晰监管的机制，使得信息反馈不及时、不透明。很多众筹企业在募集资金后，缺乏信息披露，投资人无法及时了解企业动向，无法参与企业决策，难以保护自身利益。

其二，决策权分散

由于股权较为分散，一旦董事层对某个决策无法达成一致，企业就难以快速决策。因此往往需要一个话语权相对集中的领袖，以避免股权分散导致的决策混乱。很多众筹平台都是通过享受分红而不参与决策的方式来规避风险的。

其三，投资的退出与股权的流转

众筹股权的退出机制是很重要的，完善的退出机制不仅是保护投资人权益的基础保障，而且是优化股权、为公司引进新融资的前提。

除了以上三点之外，准确的估值、科学的商业规划、合理的风险回报（股权溢价）等因素，共同影响着股权众筹的效果。

当我们知道了股权众筹的弊端，在奔向众筹平台之前，需要让自己清醒地认识众筹并不代表一定能够“逆袭”成功。若是没有做好万全的准备，你很可能会败兴而归，甚至还将面临一系列的“众筹后遗症”。所以，当你决定让企业在平台上发起股权众筹时，要想清楚以下几个问题。

问题一，众筹可以募集什么

众筹带给募集者的回报，并不一定是资金上的。举个简单的例子，那位开餐馆的朋友通过网络众筹到的创业资源包括很多方面：店面（业主入股）、装修（装修商入股）、管理人才（高管入股）、品牌营销策划（策划服务入股）、资金（投钱入股）、会员引流（合作伙伴入股）、低价的原料渠道（食材供应商以折扣价格供货入股）等。而利用网络预购等方式发起的项目，可以众筹的甚至还包括产品的购买预付款等——产品尚未生产，货款已经作为融资到账了。

2015 年，Oculus Rift（一家为电子游戏生产头戴式显示器的公司）在 Kickstarter（美国著名的众筹平台）上成功众筹到 250 万美元。2016 年年初，Facebook（脸书）斥资 20 亿美元买下了这家企业。

Oculus Rift 的创始人 Palmer Luckey（帕尔默 · 拉吉）说明了原因：“其实我们在 Kickstarter 项目上亏钱了。”究其原因，是因为低估了开发成本和制作成本。

近几年的股权众筹中，为了吸引更多用户的关注，使自己的项目得到更多支持，很多众筹发起人会就此设置丰厚的回报。例如，计划销售100元的产品，而众筹阶段只需要80元就可以入股。

在这种普遍存在的情况下，支持者越多就导致发起人亏得越多。而在众筹成功之后，这些资金也不会即刻握在发起人手里。很多众筹平台为了防止项目跳票，还会截留大部分款项，一直到实物回报进行交付之后才会全部交给发起人。

众筹的特别之处在于其具备营销以及品牌宣传的功能，当然这也正是现在大多数创业者对众筹蜂拥而至且不惜投入大量资源的原因所在。在众筹中，如果你的产品是爆品、支持者多，能够引起媒体和公众热切的关注和讨论，不但对产品后续的销售大有裨益，而且可能会像Oculus Rift那样被实力强大的投资人看上。

由此来看，众筹不仅能够解决融资的问题，而且能够帮助创始人赢得更多的合作资源、支持用户、潜在市场、品牌宣传。

众筹不仅可以应用在创业时分享股权，吸引资本、资源，同时还可以用于聚集各种性质的“合伙人”，达成特定的目的。例如，应用在生产目的上，如集资盖楼、集资造车、集资建桥。又如，应用在销售目的上，包括拼团、拼单，这些在电商上非常普遍的行为，被放到众筹领域后，就成了“数据化生产”。即依靠市场需求数据的驱动（而不是产品库存的驱动），事先预计“销量”，然后按需投产；或者事先设定一个数据模型，把产品的性能、参数、生产成本等进行综合计算，预估出不同规模下的产品成本，然后再按照这个数据，发起一定规模的众筹预购，以实现“先收款后生产”。小米、锤子手机就是一个典型的例子，直接用众筹的方式先把销售款收了，再作为生产的投资，也就是“先销后产”。再如，应用在宣传目的上，包括腾讯的众筹视频，如动漫 IP 大作《斗破苍穹》《全职高手》，电视剧《鬼吹灯》等，都是通过众筹制作，不仅预先回笼了部分资金，而且扩大了其宣传效果。

问题二，哪些众筹渠道是精准服务于你的

随着众筹概念的崛起，互联网数据的支持，众筹开始细分出不同领域的应用渠道，并从“筹资金”向“筹人才”“筹智慧”“筹生产”“筹资源”“筹需求”“筹关注”等方向扩散。一个精准专业的细分众筹平台，可以极大地提高众筹的效果。

问题三，在众筹之前要准备什么

众筹的发起，与融资路演既有相同点，也有不同点。

相同点在于，这两者都基于一个良好的项目、一支优秀的团队，这是吸引资本的基础。

不同点在于，众筹的用途可能并不一定是融资、众筹的回报，也并不一定是股权。

但是要想顺利实现众筹，首先要具备以下几个基本要素。

刚需、易认可性：像手机、拼单拼团、网红影视等热门的产品或项目，极易受到社会的广泛认同，从而顺利众筹。相反，一些过于抽象或较难理解的项目或业务，很难得到社会的认可。

可控、易实现性：众筹一定是首先青睐那些“靠谱”的想法，恨不得是“万事俱备只欠众筹”才好。众筹个手机容易，众筹个活动也容易，但如果要众筹个量子加速器，别说公众看不懂，即使看得懂也不会有很大的兴趣。

并不是说，脱离了这两个要素，众筹一定不会成功。但考虑到消耗的时间成本和筹集效率，缺乏这两个要素的众筹，还不如寻找专业机构融资划算。毕竟，既然你面向公众寻求众筹，当然要选择公众最易认可的方式。

问题四，如何设计众筹的机制

不同目的的众筹，需要设计不同的众筹机制，才能达到最佳效果。

众筹机制的设计，是根据众筹要达成的目标，通过有针对性地选择众筹对象、设计回报的方式来实现的。

众筹要达到的目标，可以大致分为以下三类。

第一类：投资项目众筹

- 筹集对象：合伙人、股东。
- 筹集内容：资金、资源、渠道、技术等。
- 回报方式：股权回报、分红收益等。
- 代表案例：股权众筹、3W、逻辑思维等。
- 常见领域：项目集资、创业融资。

第二类：众筹消费

- 筹集对象：顾客群、用户群、项目受益者。
- 筹集内容：筹订金、筹客户、筹购买。
- 回报方式：产品、服务的预期所有权或使用权益。
- 代表案例：小米、锤子等。
- 常见领域：产品预售、服务预售。

第三类：筹参与、筹支持、筹推广

- 代表：活动组织。
- 筹集对象：参与者、支持者、传播者。
- 筹集内容：报名参与、活动赞助、活动宣传。
- 回报方式：活动名额、相关展现。
- 代表案例：众筹马拉松、众筹登山。
- 常见领域：活动、赛事、聚会等。

在众筹的过程中，不要只认众筹平台的名气，而是要量体裁衣，寻找符合实际需求的众筹平台，制订适当的众筹回报目标，清晰地整理出众筹对象、筹集内容、回报方式，这样才能取得最佳的效果。

挑选合伙人的诀窍

一位打算创业的学员，曾经问过我一个问题："胡总，怎么才能找到靠谱的合伙人呢？怎么判断他靠不靠谱呢？"

根据我多年的经验，加上我在师董会与诸位老师、企业家的交流，我发现凡是金牌创业合伙人，都有一个共同点，那就是价值观必须一致。

在前文中，我就简单地讲过，志同道合的创业合伙人一定要有相同的价值观。在这里我要详细地讲一讲创业合伙人的价值观。

这是国内一家颇有名气的公司，其对员工的考核体系与一般的大公司有所不同，即员工的价值观与业绩各占50%的权重。员工通过考核分为以下三类：第一类是"野狗"类员工，即有业绩，但价值观不符合；第二类是"小白兔"类员工，即老好人，但没有业绩；第三类是"猎犬"类员工，即有业绩，价值观也符合。

对于这家公司来说，"猎犬"类员工是最受公司喜欢和欢迎的；对于"小白兔"类的员工，公司会通过业务培训提高他们的专业素质；但对于"野狗"类的员工，公司在教化无力的情况下，会毫不留情地辞退这类员工。

该公司的整个价值观体系共分为6个维度，如图5-2所示。

该公司把"客户第一"放在了首位，每条价值观都细分出了5个行为指标，而这30项指标就成为价值观考核的全部内容。除此以外，公司还有一项更加严格的规定：谁给客户一分钱回扣，不管他是谁，都要请他立刻离开公司。

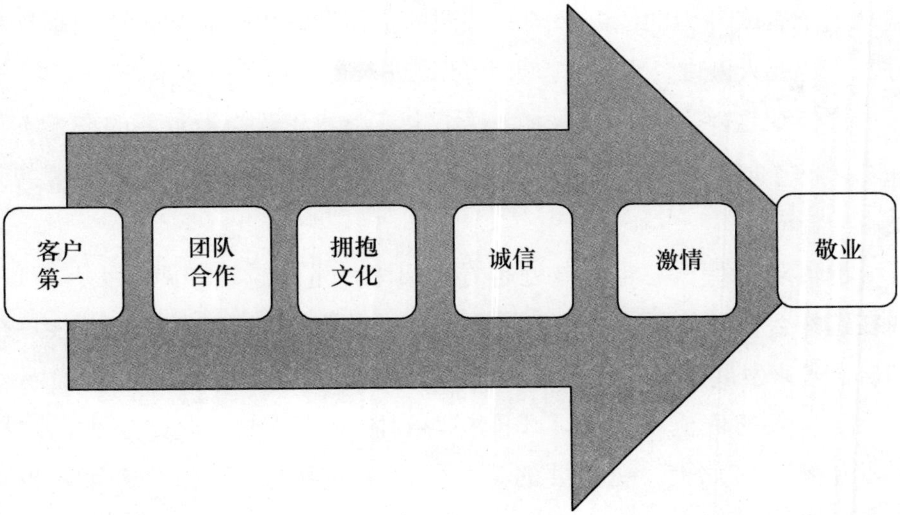

图 5-2　公司价值观体系的 6 个维度

正因为公司有这样严肃的"军纪"，辞退了许多销售人员。而该公司的招聘程序也是精心设计的，新招的员工要经过主管业务部门、人力资源部门、主管副总裁等几道面试才能正式入职，面试最核心的问题不是看能力，而是"看人"。公司的第一轮面试是尽量寻找与公司价值观相近的人才，这样才能有效提高"存活率"。

在公司创业初期，价值观的考核还只针对总监以下级别的员工，随着公司规模扩大，空降高管增多，从 2007 年至今，公司更是把价值观考核提升到更高层次，包括总监、副总裁在内的全体员工都需要接受考核。

一家不重视员工业务能力的公司，却有如此严格另类的考核方式，这样的公司能在竞争残酷的商场上立足吗？

答案自然是肯定的。因为该公司就是中国互联网电子商务的领军企业——阿里巴巴。阿里巴巴之所以能够做得如此出色，很大原因就是由于阿里巴巴上到创始人，下到团队成员，都有着相同的价值观。由此来看，一个有战斗力的团队必须有共同的价值观，提炼企业价值观越早越好，一定要天天讲、月月讲，并且应该进入企业的考评体系。

价值观这件事情说大不大，说小也不小。我认为最重要的在于人与人之间的不同，这好比我们平时跟人一起聊天，但是对事情的思考判断是不一样的。

价值观是什么？走得越近越看不出来，走得越远差距越大。所以，**你在选择合作伙伴时，一开始就要选择一个价值观相同的伙伴。找一个和自己未来发展方向、生活方式一致的伙伴，是非常重要的。**

合伙人的价值观一致，才能在遇到困难的时候一起走下去，这样可以化解很多危机。更重要的是，价值观一致的人即使分开了，也不会影响继续做朋友。

在创业过程中其实会遇到很多挫折，其中大部分原因是创业合伙人不合适、散伙或内讧。合伙人，指的并不是员工，而是在创业的过程中有时间、精力、能力，能够起到积极的辅助作用的人，甚至说是独当一面的人，并不是随便找个什么人都可以做合伙人的。一般来说，合伙人靠不靠谱，需要看以下三点。

第一，人才在哪里分布

人才的分布像一座冰山，冰山漂浮在水面的部分，是我们最容易发现的人群。这些人散落在各个渠道中，等待自己被挖掘。还有一部分处于冰山底部，你怎么也打捞不上来，如其他创业公司的CEO。

真正可以打捞的，是冰山的中间部分。这些人目前有工作，生活状态也挺好，但可能有点儿小心思。他们会面临很多的机会，也在分析和判断这些机会是否适合自己。他们有一些小梦想、小理想，觉得眼前的工作挺适合自己的，但是还没有满足自己的欲望，或者说没有满足他们当老板、当合伙人的欲望。如果这个时候你去“打捞”，他们说不定就会浮出水面，要想把他们“打捞”上来，方法无非有两种：第一是利用猎头；

第二是利用人际关系或是网络。由于互联网这个自媒体越来越发达，联系他们还是很方便的。

第二，价值观决定是否合适

如果两个人的价值观不同，在沟通的时候就会非常费劲。有一点需要注意：如果只是招一个普通员工，那么你只需要关注他的工作价值观，他选择工作的标准是什么？这是他的工作驱动力。但如果你要招一个合伙人，你就一定要关注他的生活价值观：他是一个什么样的人？他想过什么样的生活？他对人生有什么样的看法？对理想有什么样的追求？因为你找的不是职业经理人，而是一个事业伙伴。所以一定要记住：我们要通过过去推断未来，而不是用未来推断未来。也就是说这个潜在的合伙人是不是适合当合伙人？要根据他的过去经历、经验、为人处事、朋友等各方面判断他是否适合做事业合伙人。

第三，一定要分清楚企业周边的三种人

要分清企业周边的三种人——股东、朋友、员工。一定不能混淆这三种人彼此的关系，否则会引起各种矛盾。

我认为合伙人要具有三个特点——**有没有崇高的理想、有没有出人头地的欲望和有没有持久的忍耐力**。

一个人在遇到问题时能不能坚持住，就看他有没有这三个特点了。因为创业是一个人一生的事情。他有没有能力说服自己的家人全力支持、让他的家庭能够稳定，都是需要考虑的。不是简单地说想找一个合伙人就能找到一个合伙人。

我们在合作的过程中经常会碰到有些说得很好，但是进入企业以后，拿到股权就不干活的人，你遇到这样的员工怎么办？不好批评，但是他又做不了贡献。况且，资源被霸占了，其他人没有股份，影响其他人工作。碰到这种情况必须采用强制手段，让对方合理退出，否则，这对企业今后的发展是极其不利的。

我们选择合伙人一定要谨慎、小心。即使不幸选错了，也要果断纠正，比较合理的方式是采用期权的方式分批兑现。

由于创业公司没有更多的钱发工资，所以，只有靠股权激励了，真正想做一番事业的合伙人，应该在意未来的收益，而不是眼前的工资。你不可能做到高工资和多股份，所以，我主张创业公司要用股权激励，同时要保证充足的现金流。

第六章

进阶商业领袖之商业模式篇

创新商业模式

参加师董会的企业家在谈论企业发展时，讲得最多的就是企业的商业模式。

一家有前途的创业公司，即使规模再小，只要拥有好的商业模式，就能够在一定的时间立足于市场。那么，什么是好的商业模式呢？

答案只有两个字：创新。

时代在不停地变化，任何静态的商业模式都会被淘汰，只有不断创新、跟随时代进行快速反应、不断进化的商业模式，才有生命力。

我经常对学员说，企业的钱袋子取决于商业模式，公司要想拥有赚钱的商业模式，必须创新。创新是引领企业发展的动力，在新经济时代，企业生存和发展的方向在快速发生变化。靠正确的方法做事没错，但更重要的是做正确的事。世界上唯一不变的就是变化，要想有变化，就要创新，过去人们把创新看作是在冒风险，现在不创新才是最大的风险。

如今，师董会赢得了社会各界的称赞和好评，特别是广大中小企业家的积极参与和支持，我认为主要原因就在于我们从以下几个方面进行了创新。

第一，商业模式的创新

通过 OMO（Online Merge Offline：线上线下融合）的方式，我们把著名企业家（师董会导师）的商业智慧通过网络服务的方式分享给广大的中小企业家。把企业家的商业智慧开发成课程、互动答疑、实战指导等可共享的产品服务，这就是商业模式创新，是我们的核心竞争力之一。

第二，服务资源的创新

师董会的导师团队是由较为成功的企业家、投资家以及各方面的杰出人士组成。他们把自己的成功经验、失败教训、思维视野分享给广大中小企业家。这些导师就是创新的服务资源，而且是稀缺的、不可复制的资源，这是我们最大的创新之一。

第三，技术的创新

师董会 App 的功能被不断地升级完善，从导师答疑、音视频课程，拓展到在线直播、在线项目路演以及第三方服务等。师董会 App 一直在不断创新、升级，不断开创很多互联网行业里原本没有的新服务、新功能。

师董会 App 正在搭建一个服务于创新者与创业者的生态平台，让客户在线获取商业智慧，在线获得融资、项目合作、项目推广等创业实战帮扶，这都是从无到有的创新。

企业创新是方法、手段，但不是目的。**创新的目的，是让产品用高技术、高质量、高效率、高效益，更好地满足客户的需求痛点。**

企业不能胡乱地盲目创新。你认为是创新，但产生不了效益，这样的创新是没有意义的。所以大家一定要明白一点：老产品或旧行业未必不能创新，新产品或新行业创新未必有前景，一切要由市场说了算，一切要由市场来检验，要产生社会效益和经济效益，关键在于我们必须聚焦机会、聚焦痛点，并用它指导开发和选择创新。

任何企业，只有创新才有机会。当然，创新也不单单是产品创新、技术创新、模式创新等，我认为最核心的一条是观念和理念的创新。当你的观念和理念创新后，你企业的商业模式自然会创新。

那么，什么是商业模式呢？

所谓商业模式，就是为实现客户价值最大化，把企业运行的内外各要素整合起来，形成一个完整的、高效率的、具有独特核心竞争力的运行系统，并通过最优实现形式满足客户需求、实现客户价值，同时使系统达成持续盈利目标的整体解决方案。简单来说，商业模式就是用最优的企业效率解决客户最大的痛点，同时实现最合理的赢利的企业运行模式。

在互联网思维被赋予多重定义的时代，新商业模式和传统商业模式的最大区别在于：传统商业模式更注重企业内部效率的优化；而新商业模式充分利用了互联网的优势，在客户、企业、外围资源之间缔结了一个更加高效的体系。在挖掘需求、解决痛点、高效匹配、降低成本、拓展合作等方面进行了创新突破。

几年前，美国伊士曼柯达企业申请破产保护。这家昔日的摄影胶卷业巨头如果真的破产，将追随宝丽来公司等昔日著名的美国企业遭到时代的淘汰。

具有131年历史的柯达，期望以出售部分专利权的方式筹措资金。不过，柯达已着手筹备申请破产保护，包括与银行商量筹资大约10亿美元，确保企业在破产保护期间能正常运转。届时，柯达将在法庭监督下出售将近1100项专利。

柯达公司在1975年就发明了数码相机，是数码相机的缔造者。然而，因为恋恋不放传统胶卷业务的丰厚利润，柯达并没有把数码相机作为新的利润增长点来全力投入。

多年来，柯达陶醉于胶片业务的巨大利润，在数码影像产品蜂拥而至后，柯达却不想转型。在富士胶片、柯尼卡美能达等竞争对手纷纷抛弃胶卷相机，迎接"数码消费"时代的到来时，柯达公司仍然抱着以前的模式不放，不想远离传统胶片市场、拒绝变革。就这样，柯达在错失一次次转型的最佳时机后，才不得不通过抛售专利等方式勉强求生。

实际上，像柯达这种不想顺应市场转型的企业很多。例如，2009年4月，美国第三大汽车商克莱斯勒宣布进入破产保护；2010年6月，拥有101年历史的通用汽车宣布进入破产重组轨道。与这些制造业巨头陨落的原因相同的还有互联网贵族雅虎，因为在技术和媒体之间频繁摇摆不定，导致其市值与高峰时相比下跌近80%。

在中国，新能源汽车做得最好的企业，不是任何一家老牌汽车企业。

而是来自互联网的一群“跨界打劫者”。马化腾、李彦宏、马云等互联网巨头在杀入新能源汽车领域的同时，狠狠地用“新思维”给老车企上了一课。用大数据、物联网、智能驾驶、自动导航、可拆卸电池、智能充电桩等新技术武装起来的“智能汽车”，把止步不前的“电瓶车”打得丢盔弃甲，溃不成军。

柯达、雅虎等巨头的衰落，让人深感遗憾的同时，也带给我们思考：成也模式，败也模式。商业模式一旦落后于时代，就随时可能被淘汰。

不肯放弃胶卷利润的柯达，错失了数码相机的红利，因为它只看到了胶卷的利润，忽视了数码相机更符合消费者的需求痛点。

克莱斯勒、通用汽车一向以“排量大、动力足”自傲，却没有看到石油升值后，人们的消费痛点正在转向追求节油型汽车，最终市场被日本夺走。

传统汽车不肯放弃燃油发动机的利益，总是用电瓶车敷衍了事。结果被智能汽车打击到底，不但在电池性能、充能方式上被全面超越，更在智能、数据、遥感等方面被对手远远地抛在了身后。

看不到痛点者，死。

看到痛点却不做创新者，死。

创新但落于人后者，死。

今天的企业，可能随时要面对“跨界打劫”。成功来自创新、试错、纠错、成熟。不要说什么“我们并没有做错什么，但不知为什么，我们输了”。不去创新、不在试错纠错中走向新的成熟，本身就是最大的错误。

在这个变化日新月异的时代，企业唯有打造一套赚钱的商业模式，才能够重新焕发生机。那么，什么是赚钱的商业模式呢？

一般来说，商业模式越简单、越容易理解越好，这是巴菲特喜欢的商业特征。赚钱的商业模式具有以下 6 个特点，如表 6-1 所示。

表 6-1 赚钱商业模式的特点

特点	优势
产品简单	• 产品简单，客户更愿意买单。例如，“商务通”就是从“记电话”这个简单的小功能开始的。惠普的掌上电脑具备包括日程、电脑备份等一系列的复杂功能，他们在庆祝累计销售量达到 1500 台时，“商务通”日销量就达到了 1500 台
方法简单	• 越是简单的方法，越能被各级下属执行；只有可复制的模式，才能持续推广、不断增长。“可复制”是要求，投入必须能够创造利润，如阿里巴巴的运营模式。越是简单的商业模式越容易被使用
前提简单	• 任何一个业务，如果有 3 个以上的条件为前提，基本上是不可行的。前提越简单越好。例如，分众的模式：谈楼宇、装电视、卖广告，简单，执行起来也很快。拉卡拉的模式：谈商户、装 POS 机，也非常简单
创意简单	• 创意一定要简单，容易被人理解。凉茶那么多广告，被人记住的就是“怕上火”3 个字
门槛要低	• 赚钱的商业模式大部分是低成本扩张。如果花大价钱投入拓展市场的商业模式，压力很大。例如，“商务通”如此，“好记星”也是如此。一旦广告停止，就意味着销量逐步下滑，直至很低。而“老干妈”只有一种拳头产品——辣椒酱，产品十分聚焦。既不做广告，也不请代言人。可以说成本不高，但利润可观。所以，赚钱的商业模式门槛一定要低
占领产业制高点	• 赚钱的商业模式最突出的特征，就是获得绝对优势或者保持领先，在一个或者多个领域占领产业制高点。例如，双汇作为老牌肉食品企业，不只单纯地卖火腿，而是借助当地养猪的原料资源所具有的规模优势，通过引进先进技术，不断挖掘深加工，打造了“畜禽—屠宰加工—肉制品精深加工产品链”，加强畜禽养殖基地和产业带建设，提高工业化屠宰集中度，依托精深加工，加工销售生鲜肉是双汇发展的新的战略重点。双汇此做法让它一举三得：一手推开市场之门，一手携同农民同奔富裕，同时又让它占领了产业的制高点

如何对商业模式“精雕细刻”

美团5周年报告的数据显示，自从2010年3月4日上线以来，美团用户数超过两亿。这些用户在美团上的消费包括吃掉7亿顿饭、预订7000多万间酒店的房间、观看3亿场电影、收到1.4亿份外卖，累计花费超过800亿元。更令人惊讶的是，美团为用户节省的金额达到了1100多亿元。

美团在为顾客省钱的同时，也让商家获得了巨大的收益，可谓是一举多得。报告指出，每天超过2000万人使用美团。在短短5年间，美团为90多万商户带来了14亿次交易，平均每个商户接待客户1555次。

美团的使命是连接客户与商户：一方面为顾客发现最值得信赖的商家，让顾客享受超低折扣的优质服务；另一方面为商家找到最合适的顾客，给商家提供最大收益的互联网推广。

在这5年中，美团不仅持续领跑团购市场，还在电影、酒店、外卖等垂直领域确立了领头羊的地位，成为全国最大的综合性生活服务平台。目前，美团已覆盖全国1015个城市，占据了团购市场60%以上的市场份额。

美团猫眼是国内最大的电影O2O平台，2014年交易额达到50亿元，全国每卖3张电影票，便有1张出自猫眼电影。而在酒店领域，美团已是国内最大的移动端酒店预订平台和第二大酒店分销平台，其2014年交易额达到55亿元，年间日交易量达到4500万元。美团外卖更是全国最大的外卖平台，日订单量超过150万，在高校市场的份额达70%。

在政府大力支持和市场巨大需求的双重推动下，美团这样的O2O平台面临的是更广阔的发展空间。2014年，美团全年交易额突破了460亿元，在2015年新年伊始拿到7亿美元的融资之后，美团在2015年的交易额超过1000亿元，并计划于2020年实现万亿元交易额的目标。

美团CEO干嘉伟认为，美团创始人王兴的每分钱都会花在刀刃上，而让美团最终能率先上岸也是赢在综合运营效率上。

很多人认为，电商没有技术含量，没有什么门槛。可是，美团能从“千团大战”中脱颖而出，成为国内最大的本地生活服务平台，显然不是靠运气，而是靠商业模式。

美团能够让顾客和商家双方实现共赢，其原因在于其“三高三低”的经营理念，即在生活服务电商这个“高科技、低毛利”的行业里，美团用“高效率、低成本”的运营方式为顾客提供“高品质、低价格”的产品与服务，如图6-1所示。

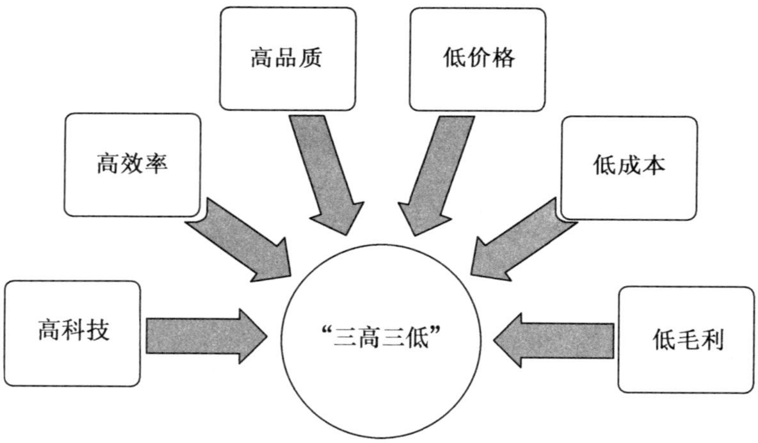

图6-1 “三高三低”的经营理念

纵观那些成功的企业，我们会发现，这些企业会根据外围环境的变化、商机的捕捉、资源的整合设计商业模式，通过规范的流程向市场提供产品与服务赚取利润。商业模式涉及了企业盈利的逻辑，流程的规划与梳理搭建了企业的承载能力。企业没有相应能力承载，再好的商业模式也无法落地，同样也无法产生生产力，可以说，**规范的流程是企业整合资源的基础，是连接企业与市场的桥梁，更是顾客价值体验的保障。所以，设计经营流**

程须以打造行业核心价值诉求为纲，以设计的商业模式为本。

企业经营流程始于顾客提出需求，终于顾客接受产品与服务，中间来自企业内部各生产经营要素的整合与完善，表面上经营流程没有什么特别之处，但合理的流程设计不仅能够提升顾客体验，还有可能提升企业要素使用率及企业利润。

商业模式要结合当前市场的需求情况和购买能力。有人说“领先百步者死，领先半步者生”。如果一家企业太超前，在市场还没有成熟的时候就全力投入，很有可能就成了壮烈牺牲的先驱。如果一家企业太滞后，就会被人慢慢甩掉。最好的机会是看准市场的成熟程度，领先半步，既走在别人前面，又不脱离市场，恰到好处地坐稳龙头的位置。这需要精准的商业判断。

用正确的方式，做正确的事

我在师董会给学员讲到企业的商业模式时，曾说过一句话叫“Do the right thing, right”。这句话的意思：**做你认为有益社会的事、正能量的事，或者是商业模式比较好的事，把它做好了，最终会给社会带来好的经济效益，就是这个概念**。

这句话是我在宝洁公司学来的，这是宝洁的价值观。现在我从事师董会平台的建设工作。师董会是一个承担社会责任的平台。它把全中国乃至全世界一流的企业家、投资家和各领域的杰出人士，聚集到一起。

创建这个平台，我认为首先是有益于社会的事情，能够帮助这么多中小企业快速发展、渡过难关。我们的商业模式是会员制，会员越来越多、企业家越来越多，大家集聚更多的能量。这里面有 4 个“互相”，即互相学习、互相帮助、互相交易、互相投资，这个事情符合了用正确的方式，做正确的事！

我认为第一个“right thing”（正确的事），一定是正能量的事，是解决痛点的事，是创造价值的事，是承担社会责任的事。

第二个“right”，“do the right thing, right”最后面的“right”，可以理解为“做对”，强调做事的方法要正确。因为只有做对了才能实现前面的那个“right thing”。你只有把这个“right thing”做好、做对了，你原本的心愿才能达成。所以我认为做事的时候要坚持、咬定青山不放松，这是一个非常严肃的课题。

重点是要有持久力，要有耐心，要组织团队，要有胸怀，要善于学习等。**用正确的方式，做正确的事是我们应该积极倡导的一个信念，先要认准这件事是正确的，是有益于社会的，有益于大众的。然后尽最大**

努力、利用一切资源，为不同类型的用户合情、合理、合法地把事情做好、做成功，最终才能够为社会做贡献。同时，成就了自我发展，也能取得精神和利益的双丰收。

所以，企业在制定商业模式时，要多从顾客的角度去想，想想自己的模式能不能为顾客解决实际问题。只要你的商业模式满足了顾客的需求，就已经算是成功的商业模式了。

一次，一个学员在师董会的微信公众号后台留言，让我讲一讲个性化定制的商业模式。

目前，“个性化定制”被誉为未来最具影响力的商业模式之一。那么，什么是个性化定制呢？**个性化定制是用户介入产品的生产过程，把指定的图案和文字印刷到指定的产品上，用户获得自己定制的个人属性强烈的商品或获得与其个人需求匹配的产品或服务。**

随着人们生活水平逐渐提高，奢侈品在全球发展得越来越快，越来越多的奢侈品开始在工厂里用机器大批量生产。一时之间，奢侈品不再是高贵、富有、奢华的代名词，而是成为一种时尚，一种潮流。定制俨然成为奢侈品最新的定义。

定制是企业品牌品质和文化的提升，也是企业在品牌文化体系建设过程中更丰富、更可靠的内涵。对顾客来说，定制任何产品本就是一个非常愉悦的生活经历，不是为了炫富，不是为了身份的象征。在这个世界上，每个人都有属于自己的时尚密码，而标准化和规模化的产品永远无法完美地表现自我，这就是定制风潮应运而生的根本原因。

有人称个性化定制是最走心的商业模式，因为它是在每个顾客需求的基础上，为顾客服务的。现在，个性化定制已经成为互联网最具影响力的商业模式之一。只要你有电脑和智能手机，不用出门，就可以在网上预约，让设计师上门量尺寸；只要输入你的喜好、心理价位，一套设计方案就能从上万个云端解决方案中优选出来，推送到你面前……

尚品宅配成立于2004年，是广州尚品宅配家居用品有限公司旗下的品牌，是一家强调依托高科技创新性迅速发展的家具企业。

在谈到公司的商业模式时，尚品宅配副总经理何裕炳说道："如今，选择尚品宅配全屋定制的用户，每天大约4000个。"

公司把这些订单从遍布全国的1000多家加盟店，输入到尚品宅配佛山工厂的信息系统后，通过合并批次、二维码生成、信息化编程，进入数控中心完成开料、裁切、封边等工序，然后打包发运。半个月后，顾客需要的一套定制家具就能上门安装了。

大规模定制让企业尝到了新商业模式的甜头。尚品宅配的生产效率是传统模式的8～10倍；材料利用率由行业平均85%上升到93%；出错率从行业平均水平5%～8%下降到1%以下；成品更是零库存，年资金周转率提升到10次以上，超过传统同行2～3次的平均水平，企业销售收入连续多年实现50%以上的增长，其利润令同行叹为观止。

青岛的红领集团也是使用个性化定制商业模式的企业。

在青岛红领集团的西装大规模定制工厂，电脑比缝纫设备要多，不但每个工位前都有一台识别终端，流水线的前端还设有数字化订单中心；这里的布料由裁床自动裁剪，裁剪好的面料和内衬都贴着电子标签；别看这么多的西装，却没有一件是相同的。西装的主人来自全球各地……

尚品宅配、红领集团的成功，带动了索菲亚衣柜、欧派橱柜、报喜鸟服饰、康奈鞋业、海尔等一批企业向大规模定制转型。国美、阿里巴巴等大型零售商和互联网平台纷纷效仿跟进。

在当下的商业环境中，企业要想继续往日的辉煌，需要好的产品参与市场竞争，需要好的产品赢得市场口碑，特别是在互联网时代，唯有满足不同顾客的不同要求的企业，才不会被淘汰。

现在做事业的企业开始越来越重视产品，甚至把产品上升到战略的高度，如乔布斯时代的苹果公司，乔布斯亲自关注产品的研发；鼎盛时期的小米公司，雷军唯产品为第一关注点。对顾客负责任的企业在产品研发上发力，今天的华为每年在研发上投入的资金累计达上千亿元。当然我们不可能做到像华为一样，但至少我们应该设置产品部门，专门负责企业产品组合的设计、产品价格带的设计、产品的竞品调研、市场的走访、公司产品销售数据的分析、产品的研发、参与产品的测试、产品的包装、终端销售模式、对接生产与销售、产品售后的应急处理等一系列产品动作。产品研发部门是企业经营的根本，产品是否符合顾客的口味以及产品的优劣，最终决定市场的表现。

近年来，华为、OPPO、vivo、小米等国产品牌的手机逐渐赶超国际大牌，在技术、营销、渠道等各个方面探寻出了一条适合自己的路线，蚕食国际大牌在国内的市场份额。2017 年，华为凭借 23% 的市场份额，以 1.06 亿部的销量占据中国手机市场第一的位置。销量紧随其后的是 7756 万部的 OPPO 和 7223 万部的 vivo，苹果仅以 5105 万部位列第四，以 5094 万部位列第五的小米紧随其后。

下面，我们看看华为是如何做的。

2017 年，华为敏锐地捕捉到了用户对于手机智能处理能力的重视，与寒武纪科技合作，在海思麒麟 970 芯片中，首次嵌入了全球首款 NPU（神经网络处理器），极大地提高了芯片在 AI 计算方面的效能（提升约 50 倍）和性能（提升约 25 倍）。在面对高通公司的顶级手机芯片骁龙 835 时，华为用麒麟 970 狠狠地实现了反超。

2018 年，华为针对手机用户青睐的拍照功能，首次在华为 P20 和华为 P20 Pro 两款手机上加装了徕卡摄像头，并率先采用了 3 个摄像头的技术，一举夺得全球最佳智能拍照手机的桂冠，成为手机拍照用户的首选机型。

除了技术上的聚焦突破，在品牌定位上，华为根据用户对产品的不同心理，推出了各种不同特性的产品。

华为旗下有华为和荣耀两个子品牌：前者主导全终端的销售；后者则主打互联网营销。

华为品牌的 P 系列手机主打时尚与拍照，定位高端；Mate 系列手机主打商务，定位高端；Nova 系列手机主打年轻群体，定位中端；畅享系列主打千元入门手机，定位低端；G 系列 / 麦芒系列主打运营商定制机，以合约、套餐等方式发行。

荣耀品牌的荣耀系列主打时尚，定位高端；V 系列主打拍照，定位高端；Note 系列主打大屏幕播放，定位中端；畅玩系列主打千元入门机，定位低端。

我们可以看到：

从营销渠道上，华为把品牌分为华为和荣耀两个品牌；

从客户分层上，华为有清晰的高端机、中端机和低端千元机；

从主打特色上，华为有商务机、时尚机、拍照机、大屏机、学生机和入门机。

从华为的用户细分和品牌定位中，可以看到，华为在争夺市场的过程中，非常善于捕捉用户的“痛点”和“个性”。

从“痛点”来说，用户关注智能 AI，华为就为芯片引进 NPU；用户看重拍照，华为就去装徕卡三摄像头；用户喜好什么，华为就研发什么产品，牢牢抓住痛点不放。

从“个性”来说，华为不但根据购物习惯分成华为和荣耀两个品牌，还根据消费力，划分了高、中、低三层；根据消费者使用偏好分成了拍照、商务、时尚、大屏等不同功能型手机。华为用丰富的机型，让不同消费能力、不同偏好的用户都能找到适合自己的手机。

IDC（互联网内容提供商）亚太区终端设备研究团队高级分析师Tay Xiaohan表示："华为等品牌的成功归结于他们为吸引消费者而努力打造品牌，并把产品差异化作为销售重点。"

根据GFK（消费品市场研究公司）的数据，职场精英对华为品牌认知度达到88%，16～25岁青年对华为品牌认知度达到80%。IDC的统计数据显示，华为手机的市场份额近几年稳步增长，没有因为某款产品的出现而暴涨或暴跌。目前，华为在中国依靠质量和口碑赚取了回头客和更多的新客户。

在手机市场中，没有永远的胜利者，只有不断满足顾客需求的企业，才会立足于市场。企业要高度重视，重点关注不同顾客的需求，开发有个性的产品，这不仅决定了企业的当下效益，更决定了企业的未来。

当然，私人定制并不一定适用于所有行业。我们还需要根据具体需求、地区经济发展水平、消费者能力强弱等因素，因地制宜地开发适合当前阶段、当前市场、当前需求的产品。

可见，商业模式不是恒定不变的。不同阶段，用户会产生不同的需求，"right thing"的标准会发生变化。企业必须牢牢抓住痛点，把"right thing"用"right"的方式做到最好，牢牢地抓住用户。不管是个性化定制还是其他商业模式，这个规律是恒定的。

营销的“终极逻辑”

这些年，营销专家提出了成百上千种“营销主义”，如“体验式营销”“情感营销”“口碑营销”“品牌营销”“引擎营销”“裂变营销”……这么多种营销概念，谁对谁错？为什么会有这么多种营销方式？

归根结底，**所有营销都是为了满足用户的需求。用户有什么样的需求，就会诞生什么样的营销**。这些营销方式可能都完全正确，但未必都适合你。企业一定要看清楚自己到底要满足用户的哪些需求，然后再去考虑用什么样的营销方式实现。

首先，我们要明白一点：**产品本身不创造价值，满足需求才创造价值**。

这个规律在快速更新迭代的科技类产品上表现得尤为明显。

一部新款手机刚面世的时候定价3000元；半年后定价2500元；再过半年定价2000元；再过半年定价1500元，并且进入了停产状态，等待淘汰。

按照摩尔定律，手机的性能不断提高，新的手机不断超越老手机。原本有价值的东西，因为其他新产品的诞生，性价比不断下降，最终甚至低于生产成本，逐渐失去了用户，失去了生产价值。

不是手机不值钱了，而是人们的需求已经转移到新产品上了，不再需要这款手机了。

我们再来看看更多被“淘汰”的东西。

寻呼机、老式电话、掌中宝、大哥大……这些都是曾辉煌一时的产品，但是在今天，它们已经失去了用户的需求，变得分文不值。

再如曾经的各代计算机，它们的零配件如CPU、显示卡、硬盘、内存等都已经经历了数代的创新迭代，直到今天依然在不断更新换代。

哪怕不受技术更迭影响的产品，同样如此，我们拿矿泉水市场来举例。

500ml矿泉水，放在没有人看管的大自然里，没人会单独掏钱去买它；
放到矿泉水瓶里，摆在超市里，可能被卖到1～2元；
放到旅游景区的销售点，可能被卖到3～5元；
在茶楼里，一壶茶的续水费用大约是8～12元；
放到沙漠驿站里，卖到10～20元也能卖得出去。
请问，你认为是什么决定了矿泉水的价值？

可见，哪怕是一成不变的东西，价值也会受到人们需求的影响。

营销的“终极逻辑”就是充分抓住用户的需求痛点，给予满足甚至超过用户基本需求的满足。各种形形色色的营销理论、营销方式，本质上都是为了达到这个目的。

- 品牌营销、口碑营销等解决“信任需求”；
- 引擎营销、裂变营销等解决“接触需求”；
- 情感营销、文化营销、体验营销等解决“感性需求”；
- 个性营销、差异营销、定制营销等解决“特定需求”；

……

任何一种营销都是为了更高效地满足需求。这就是营销的“终极逻辑”。大道至简，万流归宗。哪怕名目再多，也都是遵循这个本质。

相反，任何脱离需求的营销，全部都是伪命题，绝不可能创造价值，只会消耗企业的人力与物力。

营销做得好的企业，都是靠牢牢抓住用户需求，满足用户，甚至挖掘出用户的潜在需求，给予更高程度的满足。这种营销全都是价值千金的优秀营销。

我认为星巴克的案例非常值得我们借鉴。

2008 年，星巴克经历了创办以来最差的业绩，除了外围经济差之外，创始人霍华德 · 舒尔茨认为最重要的是品牌的核心价值受到破坏！当时的管理层一味地追求营销数字增长，导致公司远离核心价值，顾客体验受到破坏，让星巴克丢失了一批顾客，这些最终反映在业绩上。

在危难之际，霍华德 · 舒尔茨重返星巴克，担任 CEO，通过一系列的改革，让星巴克起死回生，股票迅速升了近十倍。

霍华德 · 舒尔茨对星巴克的改革方式包括以下 6 个方面。

改革一，用香味激发顾客情感共鸣

霍华德 · 舒尔茨是最早提出 Third Place（第三空间）概念的人，他希望通过咖啡的气味和环境，让人们把星巴克当成家和公司之外的第三个去处。

霍华德 · 舒尔茨说：“香味也许是星巴克品牌中最容易被顾客感知的一面，它同样也增强了我们的核心价值观——提供世界上最高品质的咖啡。我们引进自动浓缩咖啡机的确解决了服务速度和服务效率的主要问题，但同时，我们也忽略了一个事实：这将使咖啡厅大部分的浪漫氛围与亲身感受大打折扣……由于我们运送及储藏咖啡的方式，在门店中，源自新鲜研磨咖啡的那种醇香、让人浮想翩翩的馥郁香气慢慢变淡直至消失。没有了它，星巴克就无法令顾客跳出他们的日常生活，沉浸在那个发生在遥远哥斯达黎加抑或非洲的故事中。”

不只是香气，在星巴克的环境中，还包括了对音乐、灯光、装修的详细要求，力求让顾客感受到“舒服的环境”。

改革二，提升牛奶和咖啡的品质

霍华德・舒尔茨认为，咖啡是星巴克的核心，不要因为方便而牺牲对品质的追求。消费者对味觉非常敏感，尤其是忠实的顾客们。这些运营上的细节，虽然不容易被察觉，但企业的管理层仍须时刻保持警觉，“味觉的满足”是非常重要的。

改革三，引入 My Starbucks Idea，了解市场需求

霍华德・舒尔茨认为，只有伙伴（星巴克称自己的员工为伙伴）和顾客才是最了解星巴克的人，2008 年 3 月 19 日，星巴克推出 My Starbucks Idea（我的星巴克创意）网站，通过互联网收集用户意见、改善服务，增强顾客的“正面”体验。Idea（创意点子）可以分为三大类：一类是和产品有关的，如新产品、咖啡味道等（Product Ideas：产品建议）；一类是和体验有关的，如店的环境、音乐、付款方式等（Experience Ideas：体验建议）；最后一类是和社区有关的，如社会责任、社区互动等（Involvement Ideas：参与建议）。

霍华德・舒尔茨认为，员工的参与是非常重要的。星巴克为员工准备了一个博客（Ideas In Action：行动建议），让他们撰写一些有关新产品、活动的意见，加入改善或批评的建议，并进一步完善被采纳的建议。过程完全公开、透明，让员工和顾客一起参与讨论，增强凝聚力。那些提供建议并被采用的员工和顾客则成为星巴克最有力的“守护者”。

改革四，免费 Wi-Fi

提供免费 Wi-Fi 虽然会导致不少顾客延长停留在店内的时间，但也同时开拓了三五人一起来的顾客群。他们除了品尝咖啡外，还希望有个地方让他们可以聚会、上网、分享照片。在用户体验方面，不但给顾客提供了方便，还成功打造了休闲的生活空间，让顾客可以自由、舒适地上网。正是免费 Wi-Fi 的存在，给了顾客“便捷上网的满足”。

改革五，以 Mobile App 为核心随时随地连接用户

Mobile App（移动应用）是星巴克移动策略的重心。星巴克不仅推出了 App，还用 App 结合奖励计划（Social CRM：社会用户管理系统）、POS 系统、预付卡、移动支付等功能，进行了整合。

整合后的星巴克 App，不仅可以产生顾客消费频次、消费金额方面的数据，让星巴克更好地了解顾客；同时星巴克根据这些数据为顾客提供了对应的消费福利，以“奖励”顾客的光临，大大提高了顾客的光顾频次。除此之外，整合后的 App 也为顾客消费和支付提供了更大的便利。

改革六，My Starbucks Rewards 奖励计划，收集资料、促进消费

星巴克 My Starbucks Rewards（我的星巴克福利）的奖励制度有点像航空公司的奖励计划，不同级别的会员有不同的优惠待遇，而且每年更新，因此用户必须不断消费才可维持会员的优惠。目前，My Starbucks Rewards 分为 3 个会员奖励级别，按照会员账户中累积的“星星”数目决定会员级别，达到具体级别，就会收到适用于该级别的各种奖励。这个奖励计划没什么特别，但会员必须通过星巴克的手机 App 登记已启动的星巴克卡才可以加入，变相迫使用户使用 App（登记即可获取中杯装或以上的手调饮品的“买一送一”的奖赏优惠），进而引导用户不知不觉中使用 App 的其他功能，包括移动支付，此做法是非常聪明的。

霍华德 • 舒尔茨的改革之所以能够成功，是因为他改革的重心紧紧地抓住了“顾客需求”，并且体现在每个细节上。

霍华德 • 舒尔茨并没有把目光局限在“把咖啡卖出去”，而是不断观察顾客的潜在需求。用“香气、音乐、灯光”来打造一个顾客喜欢的环境；用“免费 Wi-Fi”让顾客放松、娱乐；用 App、会员等级、消费福利增强顾客的黏性；还建立用户意见反馈系统，不断想办法提高服务能力，更好地满足顾客的需求。

试问，这样一个孜孜不倦、把满足顾客需求当作使命的企业，顾客有什么理由不喜欢呢？在霍华德 • 舒尔茨的改革下，星巴克提供的价值，已经远远超出了“一杯咖啡”。

商业模式：适合的才是最好的

在新经济时代，商业模式花样繁多，日新月异。然而，在“繁花渐欲迷人眼”的商业模式创新大潮中，如何判断哪些值得采用，哪些不值得跟风呢？

以我的经验来说，商业模式不仅要考虑创新，更要考虑执行力、配套资源等综合因素，因为只有适合的，才是最好的。

说到外卖订餐，相信许多人都不陌生。特别是对大学生而言，外卖几乎成为创业的热门领域，这个领域每天都有新的学生创业者加入。然而，由于商业模式僵化、固化，产生了无数的同质化竞争，又因为竞争激烈、业务拓展困难或其他自身原因倒闭或破产。

几年来，经过岁月的洗涤，在大学校园创业者中，能走出校门，达到一个足以与巨头平等对话地步的学生创业者，似乎唯有“饿了么”这一家。

“饿了么”是由上海交通大学张旭豪、康嘉等人创办的网上订餐平台，于2009年正式上线。从2014年10月起，“饿了么”的员工人数由200多涨到2000多，公司覆盖的客户群接近200个城市。

由于“饿了么”持续盈利，开始引起风投的关注。2011年，“饿了么”A轮投资与2013年B轮投资分别来自金沙江创投与经纬中国，均为数百万美元。2013年11月，“饿了么”获得由红杉资本领投的2500万美元C轮融资。2014年5月，“饿了么”又获得大众点评网领投的8000万美元融资。

说到“饿了么”，就不得不提到另一家订餐网站——“小叶子”。“小叶子”是由上海交通大学张旭豪的学长范晔创办的。2009年，当张旭豪创立“饿了么”，骑着脚踏车送外卖的时候，“小叶子”已经初具规模。

2010 年年底，两边团队执行力的差距导致商业模式的不同。“饿了么”全盘接收了整个交大及周边几所学校的阵地，企业前景彻底逆转。之后由于资本介入，“饿了么”的利润进入高速增长期，保持了一年近十倍的增长。从交大周边，到上海各大校园，到一线城市的各个校园，再到一线城市全城。

最终，“饿了么”以 10 亿元的年交易额，占据了整个外卖市场七成以上的份额，甚至跨过了 1 亿美元的估值关口。

“饿了么”能够迅速地超越“小叶子”，在同行业中崛起，它制胜的武器就是其商业模式升级了。“饿了么”网站上线后，第一个提出“C2C订餐”的概念，在重视服务订餐用户的同时，也重视服务餐厅，此举让它搭建了用户和餐厅沟通的平台，推动了餐饮行业数字化的发展。于是，“饿了么”成为区域化电子商务的领跑者。由此看来，“饿了么”升级后的商业模式是非常值得推崇的。

一般来说，外卖行业具有以下 3 种商业模式。

商业模式一，跑腿模式

跑腿模式即帮餐厅提供配送服务，并向用户收取一定的配送费，部分项目也可以从交易额中获得一定比例的折扣作为配送报酬。

不管是让用户出配送费，还是通过餐厅获取折扣，要维持自身运作需要资金的支持，所以这类项目只能围绕中高端餐厅或者集体订餐拓展业务，C 端的需求并不非常旺盛。要自建配送团队，模式比较复杂，两者叠加会导致扩张速度慢。但业务会比较稳定，和餐厅的关系也会比较紧密。

商业模式二，佣金模式

佣金模式即为餐厅带来订单，并收取一定比例的佣金（比例一般是 5% ～ 12%）。

虽然整个项目可以快速拓展，但对用户的送餐体验无法控制。更重要的是佣金就像把商户嘴边的肉割去一块，从商户的角度来看，你只是帮他带来客人，为了提高利润，餐厅会鼓励用户摆脱平台直接下单。

商业模式三，定额服务费模式

定额服务费模式即不参与配送，只提供订单，每月收取定额服务费。

这几乎改变了网上订餐的模式，对商户来说，线上的合作方从“割肉”的角色转变成了“分肉”的角色。

“饿了么”属于第三种模式：定额服务费模式。这种模式的成功之处在于，它不但保持了轻模式的优点，还解决了困扰轻模式的商家与平台对立的缺点。因为对商户来说，线上的合作方从“投资”的角色转变成“盈利”的角色。几乎可以说，正是这种升级后的商业模式，奠定了“饿了么”成功的基础。

“饿了么”提供的是外卖信息化管理服务。这个系统有订单、菜单、数据等多个方面的管理功能，而且还包括客户端软件和出票机两个部分。部署系统后，餐厅的外卖处理流程变得相当简单，不需要记单子，不会记错用户订单，也不会送错地址。餐厅的订单量随着“饿了么”的用户量的增长而增长后，餐厅越来越离不开这套系统，所以商家不会将用户向平台外推。

用户在订餐平台上能够看到周边餐厅的信息及详细菜单，只需轻轻一按鼠标，美味食物就能送到面前。整个订餐流程变得既方便又快捷，即使不注册也能订餐。“饿了么”平台为用户提供了更多选择。

“饿了么”收费模式的变更和信息系统的推进，是思维的转变，使其很快步入高速发展期。

下面，我们分析一下“饿了么”升级后的商业模式。

升级一，业务结构

目前，“饿了么”的主营业务是小店外卖，针对中低端用户，顾客消费单价在 10 ～ 20 元。未来，“饿了么”将涉足顾客单价更高的中端餐饮外卖。

升级二，线下门店推广

“饿了么”的线下地推团队有100余人，占公司总人数的一半。“饿了么”创始人之一康嘉透露，“饿了么”并未寻求第三方地推团队的帮助，在他看来，第三方团队虽然掌握大量线下资源，但团队的不稳定性会给“饿了么”带来巨大影响。

升级三，大区化推进

“饿了么”的线下拓展方式并不是以城市为单位，而是以“大区”为单位，每个大区有1～2人进行推广，同时配备数名短期兼职员工。仅北京就拥有超过20个大区，二三线城市中，任一城市有10个左右的大区。

升级四，物流配送模式

与推广不同，在物流方面，“饿了么”主要与第三方公司合作，如“饿了么”在北京与趣话美食送合作。在康嘉看来，“饿了么”对物流的关注主要是配送速度和食品保鲜程度。

升级五，盈利模式

“饿了么”的盈利并非主要依靠外卖抽成，而是依靠服务收取年费。一般一家餐饮店每年需要交5000元的费用。同时，希望在“饿了么”上进行搜索推广的用户要付“排名费”。

“饿了么”给一线的市场人员，也就是每个区域的区域经理很大的权限，包括费用分配和后台操作等。总部的任务就是只给目标和预算框架，方式自行决定，不合格就更换负责区域，再不合格就被淘汰。领导层也没有办法证明自己的判断一定比一线人员正确，所以，鼓励一线人员尝试，按实际效果评判。

不要以为这个方式是很容易模仿的。管理者要有容忍的度量，而且给下级太多权力本身也是把双刃剑。总之，授权还是收权，这其中的度需要管理者掌控，但不管怎么说，就是这样的管理模式让“饿了么”发展加速。

商业模式可以借助资本无限演绎，只要你的项目充满创新与创意，你就可以借助资本的力量，甚至可以用补贴的模式将企业快速做大。

当然，商业模式不能单纯地照搬与抄袭，商业模式要与企业的团队结构、执行能力匹配。再好的商业模式，如果不能执行到位，也会从“良药”变成“毒药”。商业模式不是越新奇越好，而是越能真正解决需求，越能执行和发挥越好。

一家社会保险代理公司针对服务对象设计了专用的人力资源管理软件，以免费的形式将软件的基础功能提供给企业使用，通过免费软件接触并开发了大量的客户，通过不断优化软件功能及不断修复问题提升顾客的价值体验，吸引顾客挖掘更多的软件功能需求，顾客可以用现金购买的方式获得新功能的使用权或将保险代理业务提供给该企业，以业务置换方式获得使用功能的权力，以期实现企业业务拓展的目的。

表面上看，软件和社会保险外包业务属于两个完全不相干的行业，但通过异业联盟的方式实现了关联交易的可能，用社会保险外包收益，补贴软件开发费用，以免费提供软件基础功能的方式实现了企业拓展客户的目的，提高了企业的效益水平。

“免费”是一个很好的切入点，可以争取获得用户的初步体验、积累认可。在此基础上，再慢慢通过增值服务，把用户从免费用户升级为付费用户。同时，很多“免费”的产品还能为企业积累用户的数据，如消费习惯、需求焦点、使用频次等数据，从而为精准开发用户的付费痛点提供了依据。此外，很多“免费”得来的数据和用户，还可以通过跨界营销等方式，在其他领域变现。

商业模式是精准捕捉每个微小的需求，并高效利用自身资源、合作资源，协同开发需求价值的整体方案。它需要创新的思维、敏锐的商业嗅觉、良好的执行力和丰富的资源作为开发的保障。脱离这些基础，商业模式就会成为空中楼阁。所以，每个好的商业模式，都是量体裁衣、精打细算、洞悉人心后设计出来的。

市场变幻莫测，商业模式也需要时时调整。不要以为一个商业模式设计出来就可以一劳永逸，商业模式是有“保质期”的，过期作废！

第七章

进阶商业领袖之人才篇

有多大的胸怀，就能容多少人才

调查显示，在美国学工商管理的人成为大企业家的很少，但从西点军校毕业的人成为企业家的很多，原因是做生意不是只靠读报表和财务数据，而是靠一个人的胸怀、坚韧、眼光。

古话说，千军易得，一将难求。一个卓越的企业领导者应该具备哪些素质？是优秀的思想品格？是独特的领导方式？还是良好的心理素质？都不是，是领导者的眼光与胸怀！

对企业领导者来说，最重要的任务是决策和用人，而决策和用人需要眼光和胸怀。

在民营企业家命运沉浮变换的序列中，史玉柱从失败中崛起的故事，突显了“执着与毅力”的魅力与价值，也显示出强大的管理才能，特别是在管理方面，史玉柱的团队管理方式在管理界堪称一绝。

陈国、费拥军、刘伟和程晨被称为史玉柱的“4个火枪手”，史玉柱在二次创业初期，身边的员工很长时间没领到工资，但这4个人始终不离不弃，一直追随左右。

尽管经历了巨人公司数年的停业，但脑白金分公司的经理一半是最初跟随史玉柱起家的人，这些人在脑白金已工作六七年，而脑白金和征途公司的多数副总早在1992—1994年就是巨人公司的员工。

巨人大厦失败后，对于怎样维持团队的奋斗向上精神、保证企业向前发展，史玉柱的做法是不定目标，缜密论证，步步推进，一咬到底。这个习惯，贯穿着征途公司两年多的发展轨迹。

什么原因让“巨人”在倒下之后，整个团队几乎没人离开史玉柱，追随他蛰伏了数年后东山再起呢？

原因很简单，就是史玉柱的胸怀。他的管理方式体现在开明、公平方面，只要有实力的人，在他那里就有机会。

由于史玉柱在管理上不会拘泥于太多规则，大家做事的时候会拼命做，小事也不拘泥于细节，整个过程能够让人实现个人价值。

人非圣贤，孰能无过。在工作中，如果你总盯着下属的短处和过错，就有可能束缚了下属的手脚，弱化了他的探索意识。

领导容人之过，还包括包容别人的误解、委屈，宽容下属的一些偶然出现的无礼、失态行为。例如，楚庄王绝缨之会，宽大为怀，为他后来赢得了将领的拼死向前；曹操在取得官渡之战的大胜后，烧掉了从袁绍处缴获的许多与袁绍暗通款曲的信件，安定了军心。

决策需要前瞻性、预判性和远见，需要洞察力；用人首先是识人，同时要有选人之眼，容人之量，用人之长。因此，企业领导者必须具备独特的眼光和宽广的胸怀。

懂得放权，让听得见“炮火”的人指挥“炮火”

说到管理，华为创始人任正非说过这么一句话：“让听得见炮火的人呼唤炮火。”我把这句话作为一个延伸，分析一下领导者的管理之道。

有这样一句话，宰相起于州郡，猛将始于士卒。这句话是说，只有在地方当过官的人才能成为宰相，你想当将军，必须从基础的士兵做起。所以，企业员工要牢记一条：你想成为总经理，首先必须从基层做起。但企业的领导者一定要懂得放权，这样才能让听得见“炮火”的人指挥“炮火”。因为听得见“炮火”的人最了解现场的情况，让他指挥“炮火”那是再恰当不过，所以领导者要懂得放权。

做企业也是同样的道理，领导者光听汇报就做了决策，肯定是有所偏颇的，不如放手让远在外面的“将领”承担他应有的责任。领导者授权给下属，能解决 3 个问题：

第一，可以解决领导者顾不过来的问题；

第二，可以解决优秀的经营管理人才不足的问题；

第三，可以解决有效监督的问题。

一个会授权给下属的领导者，既能让自己腾出精力做重要的事情，又能让更多优秀的人才加入进来；同时，能让在企业一线的将领得到更多的锻炼机会，最终使企业有更好的发展空间。

员工都希望自己的工作价值得到体现，渴望被认可，并且想获得实现自我价值的机会，这就需要充分发挥自身的能力及开发自身的潜能。同时，组织也要用各种方法激发员工的潜能。

20 世纪 90 年代初，美国通用电气公司展开了名为“开动大家脑筋”

的活动，把100名由各部门推选出来的代表分为若干小组，每位代表在小组里提出本部门的意见和要求，并发表自己的看法，公司高层经理在场听取汇报。

公司规定，听取汇报的高层经理对代表提出的要求，只能回答“是”或“否”，而不得用“研究研究”“以后再说”之类的话推诿或搪塞。结果，许多平时难以解决的问题在会上顺利解决。

这次活动给企业带来了明显的效益：公司根据员工提出的建议和意见，进行了改革，大大提高了员工的工作效率，使公司当年的业绩提升了30%。为此，时任公司总裁的约翰认为，这是一条摸清企业发展脉搏、培养未来人才的好路子。

员工是组成企业的细胞，是企业生存和发展的基础，没有员工个人的成长发展，就不会有未来腾飞的企业。企业需要把发展的目标与员工的个人成长目标结合起来，在帮助员工不断发展、逐步实现个人目标的同时，促进企业的飞速发展。

员工的潜能是保持竞争优势的一种重要资源，关键问题是如何开启员工的潜能。这就好比在车里有一个动力十足的引擎，但是被刹车制约着无法发挥作用。当松开刹车时，车将会怎样？它必将快速前进。这就是现在很多组织面临的问题。**员工身上蕴藏着巨大的潜能，只要企业管理得当，一定能激发员工的潜能**。

其实，企业里大部分员工希望自己能把工作干得更好，让自己具备能力。但是，如果他们感到这种希望是别人强加给自己的话，可能产生的不是动力，而是抵触情绪。所以，**企业管理者要设法帮助他们树立超越自我需求的个人工作目标，让每位员工感到自己的工作对企业是何等重要，让每位员工感到自己的所作所为会影响企业的发展，让每位员工感到自己是企业的一员，这样才能激发员工的潜能，找到提高工作效率的方法**。

高手过招，能者上败者下

提到比武招亲，很多人会想到美丽的女孩选郎君，通过比武，挑选文武双全的才子做郎君。可以说，比武招亲是一种公平竞争，能者上败者下。我认为同样的方法，也适用于企业的管理方面。

领导者选人时要做到任人唯贤，可以用“比武招亲”的方式，这会选拔一些真正有能力的员工担任企业中的重要角色。企业经营管理其实很简单，对内来讲就是不能任人唯亲，应该严格执行公司的规章制度，选拔优秀的适合企业发展的人才，要本着公开、公正、透明的原则。

杉杉有20多年发展的历史，这是逐步积累的过程，我们采用的方法是由决策委员会决策，由总经理班子执行。对干部的提拔是通过人力资源部门进行每周、每半个月、每个月的绩效考核，根据量化指标进行提拔。

我想强调的是，用“比武招亲”的方式选拔人才，能够为企业的长久发展提供很好的帮助。民营企业喜欢用自己家里的人，觉得有血缘关系，觉得控制得住，但正是这种做法，排挤了真正有能力的人进入公司核心层。员工会想：这都是你们家里的人，我们是打工的，做得再好也不会有前途。于是，员工在潜意识中没有把工作当作自己的事业，自然无法把工作做好。

家族企业、民营企业家特别希望他们的下一代接班，我认为要想好下面这3个问题：

问题一：应该考虑创业元老的利益关系，并处理好；

问题二：你的下一代是否有兴趣接班；

问题三：他是否有能力接班。

在管理中不任人唯亲，是优秀企业管理者必须做到的。近年来，越来越多的跨国公司开始用这种“比武招亲”的方法提拔员工。其中以法国欧尚集团的案例最为典型。

1961 年，欧尚集团在法国北部著名的工业城市里尔创立，是以经营大型超级市场为主的国际商业集团。欧尚发展得很快，截至 2017 年，欧尚成为全球十大零售商之一，在世界 500 强中排名第 146 位。

20 世纪 90 年代中期，欧尚开始在亚洲发展，1997 年 4 月，上海欧尚超市有限公司正式成立，也以经营大型超市为主。1998 年，欧尚将其亚洲总部迁到了上海。1999 年 7 月 18 日，欧尚在上海的中原小区开设了中国第一家欧尚超市，从而揭开了欧尚集团公司在中国发展的序幕。

为了使欧尚在中国快速而稳定的发展，欧尚高层在进入中国之初就有了管理人员本土化的战略考虑，在管理方面采取了类似于比武招亲的方法，具体措施如下。

措施一，从现有员工中选拔有潜力的人员大量补充到新的管理岗位

从 2002 年开始，欧尚开始在已有的店中选拔新店管理人员，经过层层考核，择优录取。采用这种方式的优点是对基层员工有很强的激励作用，每个员工只要通过自己的努力就有发展机会。同时，欧尚在中国的迅速发展也为内部员工的快速晋升提供了机会，在欧尚每个新进员工都有自己明确的发展目标，并且能够在一定的时间内做到这个职位。

措施二，建立第三方独立评价机制

欧尚在制定好制度后，又采用了一些方法来达到预期的效果。欧尚管理层认为，好的制度必须从流程上做到公平、公正；在方法上讲究科

学。在欧尚的管理传统中，内部人员的晋升选拔本着公平、公正、平等的原则，特意聘请了外部的测评咨询公司进行独立评价。欧尚最后根据测评咨询公司的评价结论与自己掌握的信息进行综合判断，来选择优秀的员工作为管理人员。

企业文化——阿里巴巴、迪士尼的员工宝典

阿里巴巴收购雅虎时，马云曾明确指出："有一样东西是不能讨价还价的，就是企业文化、使命感和价值观。"

阿里巴巴在2000年就推出了名为"独孤九剑"的价值观体系。"独孤九剑"的价值观体系，包括群策群力、教学相长、质量、简易、激情、开放、创新、专注、服务与尊重。目前，公司又将这九条精练成"六脉神剑"。

让企业文化落地并不容易，成功的企业都特别注重企业文化的落地，而不仅仅将口号流于形式。"没有人能挖走我的团队。"马云说，"整个企业文化形成的时候，人就很难被挖走了。这就像在一个空气很新鲜的土地上生存的人，你突然把他放在空气污浊的地方，工资再高，他过两天还会回来。"

这可能就是一般企业的人才流动率高达10%～15%，而阿里巴巴连续数年的跳槽率仍然能控制在3.3%的根本原因。由此来看，在企业管理中，企业文化是企业管理的最高境界。

知名学者劳伦斯 · 米勒（Laurence Miller）曾说过："未来将是全球竞争的时代，在这种时代能够成功的企业将是采用新企业文化的企业。"**企业的成功，从根本上讲是人的管理的成功，是充分发挥人力资本最大效能的成功。**

哈佛商学院教授约翰 · 科特（John Kotter）在《企业文化与经营业绩》中提出，企业文化对企业的长期经营业绩有重大的作用，在下一个十年内，企业文化很可能成为决定企业兴衰的关键因素。

企业是参与市场竞争并获得市场红利的载体，但是企业这个复杂的机构如何保障业绩的张力，企业生态环境的影响不容忽视，企业内部人际关系的影响也至关重要。为什么有的企业员工只要领导一个指示就可以心领神会，就可以群策群力、奋勇向前，而有的企业员工很难齐心协力，这就是因为企业文化有差别。

迪士尼是集卡通设计、电视网络、电影、主题公园、文化用品、服装服饰于一体的大型娱乐性企业集团。在激烈的同行竞争中成为娱乐业的领头羊，它是怎么做到的？优秀的企业文化造就了令世人瞩目的迪士尼。

目前，迪士尼有 50000 多名员工。对一些新员工，迪士尼拥有自己的培训“宝典”。

迪士尼面试中心每天要接待 150 ～ 200 名初试合格的应聘者。应聘者来到公司后，公司会向他们发放列有公司员工工作条件及规章制度的文件，以及列有公司全部职务的小册子。同时，应聘者可以使用幻灯片、可视电话等设备与公司相关人员沟通。

新员工就这样在公司一系列的精心安排中，通过层层选拔进入公司。因为在入职前，新员工已经基本了解了迪士尼的企业文化。接着，在此基础上，迪士尼对这些新员工还会精心培训，它要求每个新员工都接受由迪士尼大学教授的新员工企业文化训练课，以便让他们了解迪士尼的历史传统、成就、经营宗旨与方法、管理理念和风格。

最后，迪士尼还会为新员工制定一个为期 3 天的特色、个性培训：

第一天：上午学扫地，下午学照相；

第二天：上午学包尿布，下午学辨识方向；

第三天：上午学怎么与小孩讲话，下午学怎样送货。

在迪士尼，员工与顾客互动时的人员排序，顾客站在最上面，员工站在中间面对客户，经理站在员工的背后以支持员工。

从上我们看到的排序：员工比经理重要，顾客比员工重要。这就是迪士尼企业文化的一种体现，而它的市场定位也是十分精确的，即表演公司，为游客提供满意的娱乐和消遣场所，给游客带来欢乐。

公司最终提供给顾客的产品和服务，必须由员工实施，所以迪士尼强调：将企业价值灌输给工作人员。而这种灌输，我们从迪士尼的招聘环节就看到了，同时也体现在对员工的训练中，就连整个游乐园的设计也充分体现了这种管理思想。

迪士尼的目标是不惜一切代价确保每位员工明白自己角色的重要性。原因是角色扮演已成为迪士尼乐园营造快乐氛围的重要手段。

这就是迪士尼乐园娱乐业经营得好的奥秘：哪怕只有一次，也绝不让游客失望而归。这与其准确、清晰的市场定位分不开的，是其企业文化的一种体现。

企业文化就像房子的根基，根基打稳了，企业才能坚固不倒。企业是一个情感交流的平台，不只是创造业绩的机构。如果企业把给员工的工作视为谋取利益的工具，这家企业一定缺乏人情味儿，也一定会让人感觉很冰冷。所以，企业管理者在打造企业文化时，要以情包裹、以情黏合，激发员工的战斗意志及战斗情怀，这样企业才能不断发展。

价值观第一，能力第二

当今社会，人才是一项非常珍贵的资源，在企业竞争中发挥关键作用。对企业来说，人才是信息时代企业发展的动力之源，员工重于利润，人力资源将是企业制胜的关键。谁能掌握人才，谁就能脱颖而出、独领风骚。

什么是人才？高价值的人，德才兼备，但是这样的人才很难找。如果企业碰到有才无德或有德无才的人，怎么办？

我们看看京东是怎么看待人才的。

在京东，人才被分成了5类。

第一类，价值观匹配度低、能力低。此类人才不宜被招录。

第二类，价值观匹配度超过70分，但能力不行。对待这种人，京东采取的措施是培训 + 转岗。一般提供3次机会，如果做货品打包不行，就出去送货，送货不行就去做客服，如果转岗两次还不行，就进行脱岗培训，如果培训后还不行，就会让他离开公司。

第三类，价值观和能力都处在中间水平。这类员工占公司总人数的80%左右，刘强东认为，这是企业的骨干力量，因此在京东内部被称为“钢”。

第四类，价值观和能力都非常高，在京东内部被称为“金子”。刘强东认为，一家成熟稳定的公司，“金子”和“钢”的比例是2 ∶ 8。不招100%的“金子”的原因是企业资源有限。如京东所有高管都在高校培训，上课时间也算全勤，读EMBA期间需要和同学去国外考察，公司一年再出5万元社交费，并且给高管股票。刘强东称，京东每年送给这类员工的股票总数，相当于公司股票的78%。

第五类，价值观匹配度非常差，但能力很强，在京东内部称为“锈铁”。

这类人才不仅会对公司产生破坏，还会腐蚀别人。

由此可见，**如果用能力给员工打分的话，价值观就是这个分数前面的正负号。负面价值越高的人，对公司的潜在威胁越大。**

一个人的价值观与企业匹配，没有“本事”，对企业来说也没有价值。但是，“本事”看不见摸不着，怎么判断一个人有没有“本事”呢？

有的人说看资历，有的人说看学历，有的人说看成功经验。但是，这些真的能够衡量一个人的“本事”吗？

20 世纪 90 年代，电视购物曾经火热一时，涌现了大量电视购物的营销设计人员，方先生就是其中非常优秀的一员，他曾经在各大电视台策划了众多成功的产品销售经典案例，公司非常看重他率领的团队，老总任命他为副总，主抓营销事务。然而，到了电商时代，他不懂得如何装修电子商铺，不懂得如何使用引流工具，不懂得怎样做爆品，方先生及其团队最终因为公司转型、业绩低迷而被淘汰。

方先生有很好的资历，但是因为他没有掌握新的工具，没有学习思维，最终在业态转型中被淘汰。

遭遇时代“滑铁卢”的，远不只方先生。

靠工具和技术迭代升级的工种，是最容易受到工具迭代影响的。但至少这种迭代可以通过技术培训、知识培训来解决困局，让员工重新追上时代。

思维的差距，是致命且不易扭转的。

L 先生曾是非常著名的品牌营销专家，对于如何设计品牌文化、展现品牌形象、传播品牌广告有非常深入的见解和成体系的理论，曾一度在20世纪末登顶“神坛”，成为中国家喻户晓的品牌营销大师。

然而，在步入互联网时代后，L先生同样惨遭“滑铁卢”。

和品牌营销需要大量的品牌知名度传播和积累、较长的美誉度建设周期、需要长期建立鲜明的品牌文化、需要精心培养的品牌认同度截然相反的是，互联网营销用“流量+体验”的模式，飞快传播，迅速体验，用极大的速度优势，迅速摧毁了品牌营销的传统套路。

在L先生策划广告、选择投放媒体、拍摄形象片的时候，互联网创业者在发红包、分享优惠券、包邮送赠品；在L先生构思精巧的广告语、设计店面活动、举行会员联谊活动的时候，互联网创业者在刷单冲流量，发展淘宝客；在L先生辛辛苦苦地设计企业文化、产品理念的时候，互联网创业者在鼓励顾客晒单、建立公众号社群；在L先生去电视台谈合作的路上，互联网创业者正在公众号上给自家的粉丝发福利。

思维的差距，最终击垮了L先生多年来的丰富经验，他不得不重新学习。

所以，**真正的人才，应该是时时刻刻捕捉时代的进步，与时俱进、不断学习、不断自我超越的人，是正确掌握最新的工具，正确运用最新的商业思维，正确贯彻最新的企业目标的人**。

人才，无法用“过去”来衡量，只能用“今天”来定义。

只有不断进步，始终跟上时代步伐的人，才是企业的核心力量。脱节于时代的人，一定会被时代抛弃。

你有“说走就走”的情怀，我有“将薪比心”的舞台

在这个年轻人频繁换工作的时代，很多企业领导者感慨，以前稳定数年甚至一辈子的劳动关系，现在随时可能终止。我认为这种现象是合理的。因为现在的社会节奏快了，有能力的人肯定会往高处走，这是人才走向市场化的正常趋势。

到了互联网时代，到了自媒体时代，到了自创业、自就业的时代，人才不一定要长期为某个雇主服务，他可以选择雇主，可以选择领域和工作，甚至一个人才为多个雇主服务，这都是合情合理的。

人才都有“说走就走”的情怀，就看你能不能拿出“将薪比心”的舞台！

不要把“薪”单纯地理解成发工资、给奖金。人才真正看重的“薪”，远不只这些！

有的人才看重自身能力的培养、自身价值的成长。对这样的人才，企业应该给予他丰富的实践机会、迎接挑战的机会、培养学习的机会、获得前辈指导点拨的机会以及凭本事为企业创造价值的机会。有了成长的机会，他才愿意留下来为企业效力，同时也会发挥越来越大的价值。

有的人看重自身价值的实现。对这样的人才，企业要给他施展抱负的空间，把他的力量引入公司的项目中，让他创造业绩，给予他成就感和合理的激励。

有的人看重事业，极具使命感，追求与公司共同发展。这样的人，企业一定要用股权牢牢地把他绑在企业的战车上，载着他一路飞驰。同时，把他培养成能够独当一面、肩负企业重任的合伙人，让他发光发热。

对没有那么高追求的人才，企业就要学会使用合理的激励机制，学

会分享。用股份、期权、分红、绩效、提成等方式，激励不同岗位的员工。

纵观那些优秀企业的管理之道，我们会发现，那些企业领导不仅具有坦荡的胸襟、对事不对人的态度，还能为员工创造良好的企业氛围，更重要的是，他们为员工制定了合理的奖励机制。

有这样一段话："指令监督让人用手工作，技能培训让人用脑工作，职业规划让人用心工作，家庭和谐让人用情工作，职业定锚让人用魂工作。"要想长久地留住员工，更重要的是留住员工的心，让员工用心、用魂工作。

企业要给员工提供实现自身价值的最大空间，当每个员工实现了价值的最大化时，企业才能实现价值的最大化。这需要企业创造机会，有千里马，必须有伯乐赏识。

人才需要施展的空间，需要展示的机会，一旦得不到，就会选择离开企业。韩信抛弃项羽的原因是项羽不会用他，于是辅助刘邦成就了大汉王朝。所以，优秀管理者的管理之道，就是让人才在他的职位上，最大限度地发挥其价值。

海尔集团大量解散管理干部，将企业打造成创业平台，集团内部员工可以将自己的创意与想法演变成一个个项目，集团提供平台支持，员工可以自筹资金或企业代垫资金等多种方式与集团以合资、合作模式开展经营活动，大量的有想法、有自我实现诉求的年轻人走上了舞台，大大地激发了他们的工作热情。

管理者一旦让人才在工作中发挥价值，既能让他们为企业创造效益，又能让他们在工作中有成就感，可谓两全其美。

不过，很多人才用起来是非常难的。优秀人才一般有自己的思想，他们对问题具有较强的是非判断能力。这对当下许多的企业领导者来说，绝对是一大挑战，胸怀与格局决定了你的企业能够吸引或保留多少人才。

华为的成功不只靠任正非，但不可否认，任正非是最懂得管人之道的企业家，他在管理中做的思想教育工作，对华为今天的成功起到了一定的作用。

在企业里，管理的对象是人，但是管人的目的不是把人的手脚捆住，而是要把人的潜能最大限度地发挥出来。**人都有感情，在管理中执行铁的制度的同时，要体现情感，融进爱，这样的管理才能管到员工的心里，才能使员工自觉遵守制度，才能使管理发挥最好的效能。**

伊利集团的决策者认为，个体在整个团队中的作用极其重要。企业既是员工谋生的场所，又是他们实现自我抱负和成才的组织。为了鼓励员工不断发展，伊利集团实行技术和管理双轨晋升制度，为专业技术人员和管理人员分别建立了各自的晋升制度，使每位员工都可以根据自己的专长、个性、兴趣和经验选择职业生涯和发展方向，并通过培训和个人努力不断找到新的机会。

2001 年，伊利集团实施“集团公司培训制度”，让员工不断提升个人知识和技能，进而获得终身职业竞争能力。2002 年，伊利集团又与南开大学、清华大学等合作，为中层管理人员和后备人员提供了为期一年的在职 MBA 培训，使管理人员的个人职业生涯规划和公司的发展需求相结合。

21 世纪是人力资本时代。会用人才的企业领导，能够让人才为企业创造利润。可以说，企业领导的用人决策决定着企业的高度。不懂得用人、不会用人的企业领导，会让优秀的项目夭折。

我们看到传统企业在痛苦挣扎，而新型企业不断崛起，可能是因为新型企业找到了发展的风口，但不可否认这些新型企业的领导者的用人理念和传统企业有很大的差异。

在多元化环境中成长起来的新型员工，本身思想就很活跃，要想激发他们的创造力及创新精神，企业必须给予他们自由。同时，还要有相应的思想教育以提升团队的集体意识，任由其自由延展。

企业要引导全体员工担当责任、敬业奉献、专业追求，重塑员工的价值观与世界观，激发员工的服务意识与工作热情，使其更好地服务于企业。

员工的思想教育工作是一个持续的过程，短时间很难看出效益，却是企业不得不重视的关键环节之一，好的思想教育会大大提高员工的战斗力，这样企业才有可能打造出好的团队，才有可能在竞争激烈的商场立足与发展！

第八章

成为商业领袖

预见未来：因相信而看见

很多成功的企业家，往往是依靠“领先一步”“抢占先机”获取胜利的。

成功的企业家与普通人最大的不同，就是普通人往往需要“因看见而相信”，要等一件事被做成之后，才敢相信和参与；一些独具慧眼的企业家，却拥有“因相信而看见”的勇气，以及把心中所想通过自己的努力做出成果的决心和能力。等到其他人看到了他的成果后才想起追赶的时候，他已经遥遥领先，把别人远远抛在身后了。

我们把企业家对经济形势、产业走向、市场潜力等各种因素的预见和分析能力，统称为企业家的预见能力。拥有预见能力是企业家走向卓越的必备条件。

杉杉集团原本是做服装产业的，在服装行业非常出名。但是光靠服装产业，能不能缔造一个世界级的大品牌，能不能做成世界级的大企业呢？不能。因为服装产业是一个非常注重品牌、文化积累的产业，尤其是西服等传统服装企业，需要历史底蕴的积累。

杉杉集团要想成为一家世界级的企业，必须寻找一个新兴产业，抓住新机遇做大做强。但是，什么产业适合作为突破口呢？

20 世纪 90 年代末，电子产品蓬勃发展，手机、笔记本、MP3、掌上电脑等产品受到大众的欢迎。但是，这些产品的电池续航能力非常弱，蓄电池的衰老（充能递减）效应非常明显，成为很多移动电子产品的发展瓶颈。

电子产品对电池的需求非常巨大，而锂电池恰恰是一个新生的市场刚需产品。于是，我把锂电池定为杉杉集团转型的目标领域，并全力以赴地把杉杉集团打造成全球最大的锂电池材料供应商之一。

商业上的前瞻为杉杉集团在新能源领域的发展奠定了有力的基础。今天，不光是手机、笔记本电脑，新能源汽车也采用了锂电池，如比亚迪就和杉杉集团建立了稳定的合作关系。

由此可见，看准经济形势，找准产业方向，抓准市场需求，对企业家来说是非常重要的。

这是我在杉杉集团担任CEO时，利用预见能力，成功带领杉杉集团转型成为新能源领域市值千亿元企业的案例。其实不光是我，大多数成功的企业家都是依靠预见能力为企业掌舵的。

2017年，马云在阿里巴巴的年会上讲过这样一句话："绝大多数人因为看见而相信，而阿里人走到今天是因为相信而看见。"

阿里巴巴能够走在很多企业的前面，正是因为没有把目光局限于眼前，而是把目光投向了5年、10年、20年后的趋势上。找准方向，提前布局，因为相信而看见，因为看见而付诸行动，因为付诸行动而领先别人一步。

企业家想要拥有准确的预见能力，需要善于学习、善于观察和善于思考：

善于观察，才能找到潜在的商机，找到未来市场需求的主流方向；

善于思考，才能根据商机与需求，正确规划企业的战略，设计企业的蓝图；

善于学习，才能更好地驾驭工具、创新商业模式，带领公司上下，齐心协力地达成目标，把企业蓝图落地成为具体的产品和服务。

企业家离不开预见能力，但是光有预见能力是不够的，还要有战略决策、执行落地的能力。

我创建师董会，同样是预见到了未来的新商机。

人的智慧、信用、能力……这些都是有价值的无形资产。能不能用互联网的方式，把这些无形资产开发出来，定量化交易？这就是师董会对“人联网”的商业设想。

在我看来，人联网的本质是“互联网＋智慧共享＋资源共享＋实战互助”，逐步用区块链技术和大数据把人的智慧、知识、文化、社会实践活动等无形资产保存、认证、评估及定量化交易，最终形成人联网，让每个人的无形资产可证券化交易。

师董会平台的发展愿景是人人即股票的人联网概念，即把人的无形资产证券化，将智慧、知识、经验、个人 IP 等无形资产开发出来，让智慧变现，让人的潜能变现。在未来的业务构架中，师董会更强调“人”的因素。通过知识、教育、传媒打造信用评估、第三方匹配等业务提升人的价值、传播人的价值、匹配人的价值、创新人的价值、最终帮助全社会的所有人，更加简便地获取知识、资源、信用、资本等，让其迅速成长，自由创业。

创新三要素：探索、拓荒和开放

企业要想发展，需要引进先进理念，引进先进工具，然后用先进的理念和工具，服务于自己的商业模式，改造自己的商业模式，让企业永远处在创新升级的轨道上。

创新不仅需要良好的眼光发现痛点，还需要把痛点转化成产品的能力，要有优化产品、营销产品等的配套能力。任何一个环节的疏漏，都可能导致创新功亏一篑。

杉杉集团在转型做新能源的初期掌握的只有市场需求，没有匹配的技术力量，面对的是从零起步的创业。我们找鞍山的技术团队合作，一步步拥有人才队伍、研究技术、开发设备和产品。

通过无数次的研发、失败和改良，最终我们建立了领先的锂电子材料生产基地。但是光有基地，仍旧不能算成功。我们必须为产品打开市场。

为了打开销路，我以杉杉集团副总裁的身份，骑着摩托车，反复登门拜访重要的大客户。不仅仅是推销产品，还动之以情，示之以诚。最终，我用诚意打动了一个个大客户，相继叩开了比亚迪等合作企业的采购之门。

在创新升级的道路上，没有条件要创造条件，没有市场要开辟市场，没有客户要争取客户，这些都是企业家要做的“开荒”工作。“开荒”能力是企业家创新能力的重要一环。如果你做不到白手起家，完不成从 0 到 1 的创造，就很难在创新中站稳脚跟。

在我看来，创新精神至少包括 3 个方面：

第一，善于学习、善于发现的探索精神；

第二，咬定青山不放松的拓荒精神；

第三，吸纳新人才、引进新技术的开放精神。

师董会的诞生，同样是一个不断创新的过程。

在人联网概念提出的初期，没有人知道人联网应该是什么样的，更没有人想到，可以把一群鼎鼎大名的企业家请到互联网上，在线为广大创业者答疑解惑，提供服务。

即便这些导师充满正能量，愿意承担社会责任，他们也需要通过一个平台，实现与普通网民面对面接触。所以，师董会不仅需要发动这些大咖，还需要技术支持。

在师董会建立的第一年，我们开发了初版的师董会 App，虽然还不成熟，但是初步实现了让导师在线答疑，让网友上网咨询。以往在现实中接触不到的企业家，可以通过互联网与网友对话。与此同时，100 多位导师也受到我的邀请，加入了师董会，用他们的碎片化时间，帮助创业者答疑解惑，帮助中小企业发展。这是一件担当社会责任充满正能量的事。

师董会建立的第二年，师董会 App 陆续推出了在线直播、在线路演、在线音视频课程等。我们的导师的数量也从 100 多位增加到了 300 多位。平台的会员从最初的数百人，发展为 50 万人。

现在，师董会已经成为一个估值约 2 亿美元，拥有超过 100 家合作投资机构、数千家合作企业、数十个分支机构的平台。每天，这个平台仍然在快速成长着。

什么是创新？**创新就是坚韧不拔地把想得到、看得到的事情做到位、做成功**。有这种能力，创新才有成功的可能。

看得到，做得到，然后不断优化、升级，不断迭代、再创新。慢慢地，我们预见到的商业机会，就会在创新能力的转化下，落地成为现实，企业才真正有了生命力。

乘势发力：借势起舞，审时度势

这几年，在互联网上有一个词很流行：风口。这个词其实自古就有，古人把这个词叫作“势”，是“天下大势”“顺势而为”“势不可挡”等中的“势”。势包括趋势和优势。

趋势，是客观因素的变化。古人讲天时、地利与人和。这些都是社会趋势。

今天，锂电池成为新能源的核心产业之一，是天时和人和的产物：科技的发展阶段是天时，人们对移动设备的能源需求是人和。天时给了技术成熟的基础，人和给了市场需求，大势所趋，它必然成功。这也是我为什么要带领杉杉集团向锂电池转型。

同样，创新创业也是“势”。创新创业是经济发展的客观需求；是创业者追求创造社会财富、实现自身价值的需求；是中国提升经济质量、国家振兴、吸引国际投资的需求；这同样是“顺天应人”的“势”。

企业家学会“借势起舞”很重要。**所谓风口，就是把企业的项目重心建立在社会大需求的趋势上，让自己成为满足大需求的必要环节，让自己站在经济大势的重要位置上**。这样的企业不想成功都难。

谁能更好地抓住市场的“势”，谁就有机会后来居上，获得突破。

不过，在“借势”的时候，一定要准确衡量时机。这里我要抛出另一个观点：领先百步者死，领先半步者生。

在中国，最早的互联网服务商，不是百度、阿里巴巴，也不是腾讯，甚至不是移动、联通、电信三巨头，而是一家叫瀛海威的网络服务商。

瀛海威是中国最早的网络接入服务商、最早实现全网用户自动漫游的网络内容服务商。

瀛海威的模式基本上是美国在线的早期模式。但是为什么美国在线成功了，而瀛海威失败了？抛开中国电信后来百亿级的竞争冲击不提，瀛海威的失败原因在于时机不对。

其一，在那个时代，人们还在普遍使用14.4kbit/s、22.8kbit/s、33.6kbit/s的电话线拨号式调制解调器上网。流量小，网速慢，内容少，很多人还不习惯用这样的方式获取信息。这是新生的不成熟技术面对老式成熟技术时的硬伤。

其二，在20世纪90年代末的中国，个人上网主要是通过电话线拨号方式。上网人数还比较少，主要集中在大城市，而且上网成本高，并不是非常普及。

其三，对比中美两国在20世纪90年代末的电子商务发展环境，可以看到，美国的电子商务建立在成熟的数据支付系统的基础之上。无论是信用卡、POS机还是银行转账的效率，都已经开始支持货币电子化联网结算。而当时的中国金融系统仍以银行卡、存折为主体，包括国家六大银行也都是在2000年后才陆续开通了网上银行功能，而且电子支付也不成熟，用户更是面临转变使用习惯、学习简陋而烦琐的网络支付工具等局面。

其四，当时中国的ISP付费业务的上网用户年龄普遍年轻化，收入较低，付费能力弱。

其五，瀛海威的ISP业务是基于中国电信的主干网开发的，瀛海威以ISP使用费方式获得的用户收入，还抵不上向中国电信支付的主干网使用费，是典型的“入不敷出”，属于“亏本经营”。

综上所述，不成熟的技术阶段、不成熟的应用环境、不健全的支付体系、不成熟的用户群体、不成熟的盈利模式等因素，共同导致了这家公司的衰落。

由此可见，**借势不能光看到经济趋势、需求趋势，还要观察市场的成熟度、应用环境的成熟度以及基础技术、配套资源的成本和收益、盈利模式的收益等**。不能一看到市场有机会，就冲进去。**看到机会后，要预计这个市场需要多久成熟，需要用多长的时间建立成熟的商业模式。算好了时间提前开始干，抢先别人一步就可以了。**

当然，在任何时期，都会有非常多的"势"为我们提供丰富的商业机会，今天也是如此：

交通联网＋智能传感＋自动驾驶的新能源汽车……

分布式授信＋智能合约＋数字货币的区块链技术……

智慧开发＋资源匹配＋能力变现的人联网产业……

柔性太阳能发电材料＋移动能源存储＋卫星数据技术的移动终端方案……

今天，越来越多的技术走向成熟。但是有些已经开发出成熟的商业模式和产品，而有些还需要等待配套环境的建设和成熟。我们在选择这些机会的同时，也一定要学会看机会、算时机、保落地。

今天世界各国都在强调尖端制造、智能制造、产业升级和消费升级。因为只有这些基础条件升级了，才有能力实现更多的"势"。

整合能力：会蓄力，更要会借力

一家企业要成功，需要方方面面的资源。怎么得到这些资源？完全依靠自己创造、积累显然不现实。因为每家企业都有长处和不足，如果你非要用自己的短板去积累资源，结果就是消耗时光、蹉跎岁月，浪费了企业飞速成长的光阴。

企业获得资源需要借力。但是，一家企业只能依靠借力实现竞争吗？显然不能。如果依靠借力弥补不足，是可以的。但是拿借力做核心竞争力，那一定会被打垮。核心竞争力必须自己培养、自己积累，这是蓄力。

蓄力，就要全力以赴，抓准痛点，发挥自己最强的优势，培育自己最核心的资源，立足竞争之本；借力，要用别人的资源来弥补自己的短板，用最少的成本达到目的，满足企业需求。学会蓄力与借力，是企业整合资源的攻守之道。

今天，很多公司是依托于全球化的资源整合来实现自身经营的。例如，一部手机汇聚了来自全球的资源。熟悉智能手机的人都知道，智能手机的参数上会标注很多信息，如CPU、内存、屏幕、摄像头等。这些都属于硬件参数。而手机支持的技术、手机的操作系统等属于软件参数。很多人在购买手机时，很在意这些参数，因为这些参数代表了手机品质。

但是，手机的硬件、软件，绝非任何一个厂家能够全部独立生产的。因为在每个软硬件生产领域，都有行业领先的巨头企业，这些巨头企业掌握着最新、最核心的技术。大多数手机厂商，只是把来自世界各地、各大巨头的“技术资源”整合在一起。

先说手机的心脏——CPU（中央处理器）。

以华为手机为例，仅一个名为海思麒麟970的手机CPU，就整合了至少4家企业的技术资源。

第一，英国的ARM公司，这是一家著名的芯片设计开发公司，全球95%的智能手机和平板电脑的处理器都使用ARM公司的设计架构。麒麟970中的CPU主频同样采取了ARM公司设计的ARMv7架构下的Cortex系列设计；而在GPU（图形处理器）方面，麒麟970使用了ARM公司设计的Mali-G72架构。

第二，华为发挥了通信设备优势，支持了LTE（4G）Cat.18，把下载速度提高到了1.2Gbit/s（5G标准）。

第三，麒麟970的NPU（神经元处理器），则是由寒武纪科技开发的。NPU搭载在华为研发的人工智能引擎HiAI上，极大地提高了人工智能处理器的性能优势和能效。

第四，麒麟970虽然是华为设计推出的，但是由台积电代工制造的。凭借10纳米制程的工艺和成熟的生产基础，台积电能够更快更好地完成生产。

当然，一部手机还远远不只处理器。以华为P20 Pro的三摄镜头为例，摄像头的供货企业就包括了光宝、欧菲、舜宇、LG、索尼、OV等多家生产商，以满足色彩、明暗、清晰度等不同的组合需求。

此外，内存、电池、屏幕、操作系统……每个专业领域都对应着数位供应链霸主。可以说，今天的手机厂商几乎没有几家是完全独立生产的，绝大多数的手机是全球技术资源整合的结晶。

除了这种“硬件上的资源组合”之外，商业案例里也不乏许多“软件上的资源组合”。我们不妨看看腾讯是怎么“玩”的。

今天，我们几乎处处可见腾讯的存在：QQ、微信、腾讯视频、游戏、动漫，乃至各种可以用QQ号或者微信号登录的其他应用软件。难道“企鹅帝”真的就那么神通广大，无所不为了吗？当然不是，腾讯的资源也都是整合来的，只不过，腾讯的“软组合”看起来不那么明显而已。

微信钱包整合了谁呢？银行业。

腾讯视频的影视资源哪里来的呢？娱乐业。

腾讯游戏的游戏谁出的？游戏公司。

你天天在微信看的公众号、朋友圈、QQ 群也都是你和你的朋友创作的，而不是腾讯创作的。但是，腾讯用它强烈的用户关联性，把这些资源整合到了一起。

所以，一部腾讯视频里的电影可以通过微信分享，让你推荐给你的朋友。

一款腾讯游戏可以让你通过 @ 朋友，呼朋唤友，组队参战。

甚至微信不需要创造任何内容来吸引你使用它——因为你的家人和朋友已经创造了让你离不开微信的内容。

这种“软资源组合”，同样是资源整合的一种。

当然，在创业过程中，并不是所有资源都是“天然”的。企业需要的核心资源往往是独特的、市场上没有的。这时就需要企业家发挥自己的领袖能力，去开拓资源。

杉杉集团从服装行业转型到新能源锂电池行业的时候，可以说是完全从零起步。服装和锂电池，风马牛不相及，怎么可能会有人才储备呢？但是，既然已经看准了新能源行业的前景，决心要投入这个行业做一番事业，就必须有白手起家的勇气。

虽然市场上没有这方面的成熟技术，但并不是没有能做成这项技术的人才。经过长期的观察和交流，我们发现冶金部鞍山热能研究院有一个国家“863”科技项目，在做锂离子电池碳负极材料技术，与我们的定位高度吻合。于是，我就飞赴鞍山，与热能研究院的王为刚院长见面。因为我是浙江大学自动化专业出身，双方有很多能沟通的专业语言，所以王为刚院长认为我是一个更好的合作伙伴。最终鞍山热能研究院放弃了另一家已经谈判了3个月之久的大型钢铁企业，转而与杉杉科技签订了合作协议。

为了发挥彼此的优势，在杉杉科技与鞍山热能院的合作中，双方达成了3条重要的约定：

一是杉杉科技出资1亿元，占75%的股权，鞍山热能研究院以技术入股，占25%的股权；

二是材料生产产业化基地设在浦东，研究院负责生产，杉杉负责经营管理；

三是研究院的该项目开发团队人员全部进驻浦东基地，他们的家属居住，子女入学、就业，均由杉杉负责安排。

这几条协议，权责明确，保证了生产运营的稳定，安定了鞍山团队的人心。讲权责、讲人情、讲科学，为杉杉科技与鞍山热能院的整合奠定了基础。

在我看来，**整合资源蓄力的过程，比借力更重要**。因为蓄力不仅要学会找资源，更要拥有能够与资源方良好沟通的人才，要有能拥抱资源方的胸怀和气量，要有正确的资源合作方式。但最重要的是有一颗不惜一切达成使命的坚定的心。

第九章

关于未来

人联网的思考

对于未来，没有人能够断言一定会如何，一定该如何。因为事在人为，未来是取决于今天我们所做的事、所说的话和所承载的使命的。

如果说，互联网是让数据在全社会联网；如果说，物联网是让设备在全社会联网；那么，在我看来，**人联网就是要让人的价值在全社会联网，让每个人的能力、智慧、魅力、信誉等无形资产，通过数据的量化，转化成社会网络的一部分，最终得到充分的开发、流通，实现价值。**

人联网带来了什么？

就像一千个人眼中，有一千个哈姆雷特一样。不同的人，对人联网的认知也各不相同。直到今天，人联网依然没有一个世人公认的定义。所以，我们只谈现象，不下定义。

2016 年，在绝大多数人还把人联网视为一个虚无缥缈的概念时，我是这么理解人联网的：**人联网，即开发人类的无形资产，让无形资产变现！**两年前，在创办师董会的时候，我们就提出："人联网是互联网 + 智慧共享 + 资源共享 + 实战互助！"

今天，在人联网概念越来越清晰的时候，我们不妨从两年前的这句话出发解读人联网。

关键词 1：无形资产

我们每个人身上，都有无数潜在的财富。这些财富看不见、摸不着，却又真实存在，这就是每个人的无形资产。

个人能力：个人能力是每个人的自身才能。例如，品德、魅力、信誉、技能、学识、智慧、创意、思想、经验、健康、气质等。个人能力是价值的创造核心。

个人资源：个人资源是每个人可支配的资源。例如，权力、影响力、话语权、组织能力、社会地位、关系渠道、资源调用能力、工具使用权等。“可支配资源”决定了创造价值的效率。

个人价值：个人价值包括领导力、创造力、生产力、号召力、判断力、分析力、决策力等。它是能力与资源组合后，创造财富的能力。

个人能力、个人资源、个人价值，统称个人的无形资产。

个人的无形资产，可以转化为某些行业的最终产品或服务。例如，领导力（缔造企业、建设项目）、号召力（创建媒体、发动群众）、创造力（如发明创造、文化创意、技术研发）、生产力（如制造商品或提供服务）、传播力（如自媒体）等。

过去，我们的无形资产一直是静态的、隐形的。因为在现实世界里，你无法直观地用眼睛观察到、用手触摸到。

直到我们创造了“第二个世界”——数字世界。

关键词 2：数字世界

数字世界为我们赋予了眼睛、耳朵、肢体等感官之外的、全新的认知方式——数字认知（或者叫数据化认知）。我们不妨看看，数字化认知是怎么把看不见、摸不着的“无形资产”，变得“可见”“可匹配”“可交易”的。

先看看个人能力的转化：

- 信誉变成购物评价、消费信用、信用卡额度，以及如花呗、趣店的分期支付产品；
- 创意、灵感和美感变成数字化的电子文字图画或者在线音视频产品，如电子壁纸、电子图书、电子摄影照片、在线音乐等；
- 知识、视野和语言艺术变成知识和内容产品，如得到、知乎等；
- 能力变成在线履历、用人评价、人才数据、猎头服务，如智联、BOSS 直聘；
- 魅力变成粉丝数量、商业广告价值、引流来源，如网红与大 V；

……

再看看个人资源的转化：

- 人际资源变成好友拼单、分享红包、微商流量、公众号阅读打赏等；
- 影响力变成可以商业化的自媒体流量、网络投票评选等；
- 服务能力变成代驾、猪八戒网的服务众包等；
- 资源的临时使用权变成共享单车、共享充电宝等；
- 集体议价权变成拼单、众筹购物、团购议价等。
- 最后看个人价值的转化：
- 判断力变成付费答疑、在线咨询等；
- 表演能力变成精彩纷呈的直播，如火山小视频、抖音等；
- 创造力变成商业化的段子、表情包等；

……

数字世界，正在把看不见、摸不着的“无形资产”，变成一个个可看、可用、可购买的有形资产项目。这种转换，为人联网的诞生，奠定了坚实的基础。

关键词 3：人联网

人联网源自 3 个基础元素：

- 人——劳动力，所有价值的创造源泉；
- 工具——生产工具，把人的无形资产，转化为数据或产品的软硬件，如各种 App、智能手机等；
- 网络——渠道，让数据流通，让价值实现的渠道，如各种互联网平台。

人联网的雏形是“人·工具·网络”，是把“人的无形资产”用“工具”做成“数据产品”，最后通过“网络”交易变现。在这个雏形阶段，每种“工具”、每个“平台”的诞生，都在创造一个新的风口。这也是近年来，很多工具型 App 和互联网平台大行其道，成为风口的原因。

当然，人联网的出现还需要互联网工具、智能交易合约、数字支付等一系列基础生态功能和技术的支持。有了这些生态，人联网才能真正完成整个交易闭环，产业才能顺利发展。基础生态功能越丰富，人联网的玩法就越多样。可以预见，随着网络生态技术的完善，人联网产业的广度、深度都将有所变化。

人联网并不只是传统产业的互联网转型升级。人联网同时还在创造很多前所未有的新产业、新技术和新产品，并正在从“雏形”走向“壮年”。目前，人联网产业绝大部分还只是单一产业、单一工具的“单点突破”，但在20年内，**随着智能合约、区块链、大数据、人工智能等技术的发展，人联网将逐渐变为点与点的全面融合、产业融合、线上与线下融合，并最终成为一个覆盖全社会、连接全领域的数字经济体系。未来的人联网，将成为人类价值的沟通枢纽。**

所以，我做了一个大胆的预言：“今天不拥抱人联网，20年后将会无生意可做。”

师董会的诞生

早在2016年，我意识到了人联网的庞大商机。在搭建人联网、创立师董会时，我就思考师董会应该做什么，怎么做。

我曾带领杉杉集团从服装产业转型升级为全球最大的新能源锂电池材料供应企业；同时，我也是一名出身寒门，凭借国家保送和培养，进入优秀大学就读的学子。

结合自身的优势和经历，我认为，作为一名企业家，对创业、创新有着更多的成功经验和资源优势；作为一名国家培养的优秀人才，应该要更好地承担社会责任，回报社会。所以我决定把师董会建成响应国家号召，服务于创新、创业的人联网平台，让师董会成为创新、创业者的摇篮，成为助力新经济的发动机。

2017年7月，师董会正式定位为全球商业智慧共享及实战互助平台。

今天，师董会聚集了300多位企业家、学术权威和社会知名人士。他们担任师董会导师，每个人都在用自己数十年积累的成功经验，通过师董会 App 为师董会注册会员提供在线帮助和指导，将无价的商业智慧、人生经验积累，无私地分享给广大会员。

“师董会的人联网基因，正在伴随着导师与会员的参与、师董会 App 的开发建设，与师董会平台不断发展壮大。”目前，师董会相继推出了在线课程、在线路演、导师答疑、想问专家、线下游学、企业咨询、法律合同等 20 余种面向创业者的服务，以及千余款音视频创业课程。用户只需下载并注册师董会 App，即可成为师董会在线会员，获得帮助。短短两年，师董会会员已经发展至 50 万人，其中企业家已经超过了 4000 人。

人联网的展望

今天，数联网、物联网、人联网正在改变世界。

如果说大数据的诞生，带来了“数联网”；智能设备的普及，带来了“物联网”；那么越来越多的在线创业者、在线从业者，带来的就是“人联网”。

有多少数据，就有多大的数联网；

有多少终端设备，就有多大的物联网；

有多少人参与，就有多大的人联网；

今天，我们没有定义人联网。因为我们还不知道它究竟会有多大，因为我们的技术还远远没有满足人联网的发展需求，因为我们的想象力还局限在今天的技术、设备、架构上。

但不可置疑的是，新世界的诞生（数字世界），比新大陆的发现更加意义重大。新经济、新产业、新生活……更多的未知，都在等待我们去探索。

路漫漫其修远兮，吾将上下而求索。

师董会的前行

50 岁，知天命之年。很多人不理解我为什么还要在这个年纪重新出山。今天我要告诉大家，因为我看到了更远的东西。当年，我看到的是杉杉集团要从传统实业向新能源转型，而今天，我们要从传统互联网向人联网转型。

这是一个更加伟大的事业，是时代的机会。

目前，师董会的 App 已经上线了，各位大咖导师能够在线帮助企业家解决企业发展的问题，也经常通过直播、讲课的方式分享智慧。我们举办了“一带一路”中国品牌国际化高峰论坛，邀请了德国前总统、国家统计局总经济师这样的权威人士来分享思路。我们举行了多次全国游学活动，走进企业、交流学习、包括投资考察、现场路演，开阔了眼界，也投资帮助了很多企业。其中，有项目成功的，有成功上市的。我们以实实在在的服务，帮助企业进步、发展、成功。师董会是全球商业智慧共享与实战互助平台，这个定义不是说出来的，是做出来的。

这是大家看到的部分，大家看不到的部分还有很多。

师董会搭建了国际教育、健康养生、科技孵化、融资管理等服务模块，随时为需要的会员提供服务，这个可能在 App 上看不到，这是落地的线下服务。

师董会建立了产业基金，引进了众多资本机构，为每个会员提供充分的扶持能力。配合导师帮企业答疑指导、师董会为会员匹配资源，我们可以在思想上、资源上、资本上帮助会员。

师董会的科技孵化公司、产品销售公司也都在搭建中，逐渐为不同的企业提供成长帮助。

师董会两岁了，也做出了一些大家看得到的成绩。

但是，这还不是真正的师董会。

师董会是人联网平台，它是“互联网+”与每个人的结合，是充分挖掘、释放每个人价值的平台。人联网是 Person to Person 的平台，是重新定义的 P2P。

每个人的身上都有无数潜在的财富，这些财富来自信用、品德、魅力、知识、智慧、创意、思想、人际关系、成就、影响力等不同方面。我们将这些潜在的财富，统称为个人价值。但大多数时候，个人价值是静态、隐藏的。而人联网将帮助每个人把个人价值开发出来，通过联网的方式，放大和转化成可交易、可转化的财富。

我们每个人都有多重属性，既是 C（Consumer，用户），也可能是 B（Business，商家）。而所有这些属性，都将在人联网中回归，成为 P（Person，人）。未来的每个人都会在人联网中构筑自己的专属定位，通过自定义、云数据的智能匹配，选择你的社交圈，找到你的相关人群，找到人联网中最适合你的定位。

你可以尽情地展示你的能力、你的思想、你的才艺，通过分享和帮助别人获得粉丝，通过寻找匹配的工作实现你的价值，通过个性定制获取你的所需，你会通过搜索引擎结识你想找到的人，当然也可以通过信用和评价远离人品恶劣的人。

这是人联网的魅力，它将改变每个人的生活方式；这种变化并不遥远，已经在我们身边：

- 我们的信用，转化成了可以花的信贷额度和可以预付的钱；
- 我们的魅力、知识和创意，转化成了可以变现的网红经济；
- 我们的人际关系和影响力，转化成了 IP，转化成了微商的顾客、自媒体的受众。

人联网正在迅速改变我们的生活，但这还只是个开始，人联网的建设程度还远远不够，所幸的是，技术正在帮助我们快速走向成熟。

师董会的目标是让每个人都能轻松加入人联网，享受人联网的便捷，通过人联网创造最大的自身价值。

第一个阶段，让企业家先走进人联网

企业家是产品服务的提供者，是社会经济的推动者，还是广大员工的领导者。有了企业家的支持，人联网才有丰富的产品满足人，才有丰富的服务帮助人，才有丰富的需求让人赚钱，才有丰富的岗位吸引人发挥自身价值。当然，众多企业之间也有彼此服务、彼此交易的需要，这都可以通过B2B（企业间电子商务）、B2P（企业对个人的电子商务）来实现。可以说，企业家是社会经济的基石。

在这个阶段，我们将师董会定义为全球商业智慧共享及实战互助平台，通过企业家在线答疑，通过企业之间在资源、资本、商脉、合作、需求等方面的互利共享，帮助企业在师董会平台上健康成长，帮助企业家之间互相学习、互相帮助、互相交易、互相投资，创造一个企业成长的生态环境，让企业在人联网上扎根，也让企业家成为最早在人联网中获利并乐于推广人联网的种子用户。

第二个阶段，面向社会，面向每个人

未来的社会，大量的机械工作、技能工种将被快速发展的AI设备和智能软件取代，人类将进入智慧工作时代。开发人类自身潜能，构筑人本位的经济体系是时代的必然趋势。

在这个阶段，我们将重新定义人联网的所有个体，让每个人成为价值创造者、提供者，成为服务使用者、消费者。人的属性将打破B（商业）、C（用户）、G（官方）的界限。

举个例子，一个人去某个DIY餐厅吃饭，觉得店面环境和提供的原料不错，又自己发明了菜式，还把店址、菜式和体验分享给了朋友，引来了新顾客，那么他既是消费者，也是生产者，还是传播者。传统的分类已经不适应新的商业模式了，除了餐饮，在旅游、健康等行业也同样普遍。这就需要新的人联网属性，帮助人们重新定义自我，发掘和实现新价值。

P2P 的概念，将因人联网重新改写。（最初的 P2P，是指 Peer To Peer，意指“对等者对对等者”或者“端对端”，是一种基于互联网的分布式应用架构，常见于分布式存储、分布式硬件资源服务等领域；后来随着互联网金融的出现，又增加了人对人的互联网金融点对点借贷的概念；而未来的人对人将打破金融的狭隘范围，指范围更加广阔的人际间网络合作。）

每个人都能通过展现自我、定义生活模式获得更高效的个性服务，通过对人不同属性的描述，找到不同领域的伙伴。人与人沟通的成本将无限趋近于零。同时，人联网将更尊重人的隐私、更客观地展示人的品行、更有效地推动社会道德建设。任何一个挑战道德底线的人，都逃不过人联网的惩罚——除非你打算离开人联网，当个被文明社会抛弃的“原始人”。

人联网将成为你生活、工作、社交中密不可分的工具，成为你满足需求、创造财富、扩大圈层的工具，成为你体现价值、改变世界、实现梦想的工具。

每个人都可以把自己的业务、产品或者特长，通过人联网分享和展现；也可以创建你想做的项目，寻找你想邀请的伙伴，自由创业或者组建团队。人联网将成为供需的纽带、协作的工具，为你提供一切技术支持、工商保障，让每个人足不出户，日理万机。

每个人都可以公平地分享人联网里的一切信息，凭借自己的个人价值申请各种资源，凭借信用、智慧、成就、伙伴背书重新定义自己的授信价值。每份来自别人的认同，都会成为你触手可及的财富。

这是人联网的蓝图，这是师董会的梦想。

梦想远大，但我们先要脚踏实地。

一年的时间，师董会基本实现了第一个小目标，就是为引进的广大企业家创建了一个比较好的服务环境。

各位导师的热心助阵，为企业家寻求商业智慧、解决企业难点、引荐资源寻找渠道创造了优良的“商脉”基础。所以，在短短不到一年的时间内，已经有数千家企业成了师董会的白金会员。

随着导师、企业会员的增加，我们将实现第二个小目标，即创造企业间互相学习、互相帮助、互相交易、互相投资的良好环境。我可以告诉大家，这个目标在明年就可以实现。

师董会的前进，从不靠梦想描绘，而是靠实干驱动、靠智慧驱动。

走向未来：区块链、智能合约、新工具

在今天，新需求、新思想、新技术、新商业不断涌现。很多过去无法实现的事情，随着人们的想象力、社会条件的发展，逐渐成为现实，尤其是数据网络，更成为人类价值开发的重要基础。

人类价值的开发，需要开发工具、交易环境、信任机制等多重因素的共同作用。人联网显然不是一蹴而就的事，而是一个社会性的变革。人联网要在各个行业、各个领域以不同的形态发挥作用，这需要长期的建设和参与，而且必定是由简及难、由浅入深的循序改造。

再进一步是用“数字”代替“实物”的功能，最典型的例子就是支付宝和微信钱包。

货币从贝壳到金银铜，再到纸币，虽然在材质、保值能力方面有了很大变化，但是货币的本质从未变化。

然而，即便是今天普遍流行的纸币，依然存在真伪难辨、大额货币携带不便、购物找零、旧币残缺破烂等问题。于是，随着移动互联网和互联网金融的发展，出现了以电子数据代替纸币流通的“电子货币”，并出现了基于“电子货币”的支付宝、微信钱包等互联网支付工具。

在此基础上，还诞生了基于个人收入、消费数据而衍生的“数字信用”，更直观地把人的信用、财富量化成了可调用的“花呗”、可投资的“余额宝”等金融产品。

随着“电子货币”的出现，人的财富、信用也转化成数据网络中的流量。

显然，能够被“数字化”的“人的价值”，远远不只知识和货币。

“电子身份证”“电子学历证书”把证件（人的身份）转化为网络

数据；

“大众点评”把评价（人的感受）转化为网络数据；

“知乎”把答案（人的智慧）转化为网络数据。

此外，随着区块链技术的发展，我们正在步入一个全民参与的人联网时代。每个人都可以选择成为这个网络中的一个节点，把自己与整个社会连接得更加紧密。

目前，区块链还是基于分布式数据存储、点对点传输、共识机制和加密算法的“分布式记录”技术，主要解决的还是不同节点之间建立信任、获取权益的问题。

然而，随着更多的个人价值开发工具（如音视频制作、在线服务、网络代工等）、更加精准的智能合约（如支付工具、数字化股权、电子契约等）、更加丰富的价值传递平台（如今天的网购、打车、评价、直播、知识付费等平台）的出现，每个人都将开始拥有丰富的、把自身价值转化为数据财富的“人联网系统”。

你可以把这个人联网系统简单地理解为“生产工具”“流通平台”“结算系统”等的集合。你可以用类似抖音、公众号或者其他工具，把你能创造的价值生产成以数据流量形式存在的“在线产品”，再通过淘宝、喜马拉雅 FM 等平台“在线发行”，最后通过支付宝、钱包等完成结算。

通过分布在各行各业的人联网系统，每个人都可以用自身价值创造“个人节点”，最终，无数个“个人节点”共同组成一个全社会共同参与的人联网。

人类的创意、知识逐渐被数字化，成为可以在网络中被定量化交易的产品。人类创造的价值，也因网络获得了极高的流通效率。

今天，很多公司还在抱怨“公司最大的成本是沟通”。但明天，沟通成本将随着更加完善的技术快速减少。绝大部分的公司组织职能、管理职能，将被更加智能的人联网系统取代。在“人人创业、网络协作、自由组合、智能分利”的社会协同工作体系里，每个人都可以成为一个独立的“价值节点”，与全社会自由互动，发挥自我价值。

今天，我们在数联网、物联网时代采用的“分布式存储”“分布式计算”等方式，在嵌入了“人动力”之后，将会诞生“分布式团队”“分布式岗位”“分布式创业”。

这意味着，任何一个人都可以成为独立的创业者；而一切所需的创业资源，都可以通过无数创业者，从网络中获取。

可以确信的是，人联网将是一个改变世界、改变社会的时代走向，每个人都会受到时代的牵引，走进人联网时代。

今天，
我们因相信而预见，
因预见而前行；
未来，
愿曙光因我们的助力，
如日中天，
光芒万丈！